HEYNE‹

Die Autorin

Mag. phil. Ursula Walch ist freiberufliche Hausgeburtshebamme in Graz, Dolmetscherin und Autorin u. a. historischer Romane. Vorträge an internationalen Kongressen führten sie in mehrere Länder Südamerikas. Sie arbeitete elf Jahre in Spanien, betreute ein Hebammen-Projekt in der Westsahara und baute in Graz einen Studiengang für Hebammen auf. Ursula Walch ist verheiratet und hat vier Kinder.

Weitere Infos unter:
www.ursula-walch.at

Ursula Walch

Bei
Anruf Baby

Aus dem Alltag einer
außergewöhnlichen Hebamme

WILHELM HEYNE VERLAG
MÜNCHEN

Verlagsgruppe Random House FSC® N001967
Das für dieses Buch verwendete
FSC®-zertifizierte Papier *Holmen Book Cream*
liefert Holmen Paper, Hallstavik, Schweden.

Originalausgabe 03/2014
Copyright © 2014 by Wilhelm Heyne Verlag, München,
in der Verlagsgruppe Random House GmbH
Redaktion: Angelika Lieke
Printed in Germany 2014
Umschlaggestaltung: Hauptmann und Kompanie Werbeagentur, Zürich
Satz: Leingärtner, Nabburg
Druck und Bindung: GGP Media GmbH, Pößneck
ISBN: 978-3-453-60281-6

www.heyne.de

»Warum gerade diese Geburten?«
wurde ich gefragt,
und ich antwortete:
»Weil sie Lebensspuren in
meinem Herzen sind.«

INHALT

VORWORT

Ich hatte bereits knapp viertausend Geburten in verschiedenen Ländern begleitet, als ich mich dazu entschloss, die außergewöhnlichsten von ihnen für ein Buch zusammenzustellen. Exemplarisch stehen sie für Situationen, die von der Schulmedizin als besonders gefährlich und risikoreich eingestuft werden.

Während meiner elfjährigen Berufstätigkeit auf den Kanarischen Inseln arbeitete ich sowohl an der Universitätsklinik und in den Inselspitälern als auch in der freien Praxis als einzige freiberufliche Hebamme, eine oft nervenaufreibende Doppelbelastung, die nur mit Unterstützung meiner kooperativen HebammenkollegInnen zu bewerkstelligen war. Sie ermöglichten es mir, mich zu jeder Zeit aus meinem 12-Stunden-Dienst im Krankenhaus zu stehlen, wenn irgendwo eine Hausgeburt losging – ob bei einer Erst- oder einer Achtgebärenden, ob eine Beckenendlagen- oder Zwillingsgeburt, die zu jener Zeit noch als »normale« Geburten galten und es daher legitim war, sie als Hausgeburten zu betreuen. Daneben betrieb ich auf der rund 80 000 Einwohner zählenden Insel La Palma eine Hebammenordination inklusive Geburtsvorbereitung, Vor- und Nachsorge. Zu Hause unterstützte mich mein Mann, damit ich zu jeder Tages- und Nachtzeit das Haus verlassen konnte, vor allem, als unsere jüngste Tochter noch sehr klein war. Noa, unser viertes Kind, kam auf La Palma im heimischen Pool zur Welt.

Die nachfolgend beschriebenen Hausgeburten, die sich über einen Zeitraum von fünfzehn Jahren erstrecken und in unterschiedlichen Kulturkreisen stattfinden, geben Einblick in das Geburtserlebnis mit all den damit verbundenen Befürchtungen und Problemen. Es geht dabei nicht nur um die Unsicherheiten und natürlichen Ängste jeder werdenden Mutter, sondern auch um die in der modernen Gesellschaft geschürten Sorgen um das Kind, welche meiner Meinung nach hauptsächlich dazu dienen, die Frauen noch weiter zu verunsichern.

All diese Geschichten zeigen, wie natürlich, überwältigend und bereichernd eine selbstbestimmte Geburt sein kann. Jede Frau sollte darum wissen, bevor sie die Weichen stellt. Weichen, die vieles, wie einen vorschnellen Kaiserschnitt, nicht wieder rückgängig machen lassen. Oder Weichen für ein Geburtserlebnis, in dem sie auf einzigartige Weise die ungeahnten Stärken kennenlernt, die in jeder von uns Frauen schlummern.

Während meiner ersten Schwangerschaft vor knapp dreißig Jahren herrschte noch ein völlig anderes Verständnis von Schwangerschaft und Geburt. Es war zwar schon humaner als noch die Einstellung zur Zeit meiner eigenen Geburt, als Väter ihre Kinder nur durch die Glasscheibe gezeigt bekamen, doch regelten starre, absurde Eingriffe das Geburtsgeschehen und den Ablauf in den Kreißsälen. In den Großstädten wurden zwar die ersten Kurse für Schwangerenturnen angeboten, der Geburtsvorgang selbst war aber noch streng reglementiert und fremdbestimmt.

Ohne Internet und Geburtsvorbereitungskurse war es für mich damals als junge schwangere Studentin mühsam, eine Vorstellung von den auf mich zukommenden Herausforderungen zu bekommen. Nach Durchsicht der spärlichen Lektüre siegte letztlich der gesunde Menschenverstand, gepaart mit

Instinkt und meinem grenzenlosen Optimismus, und ich erkannte nicht nur absurde, sondern auch gefährliche Praktiken, wie etwa den Dammschnitt, den ich zugunsten eines weiterhin glücklichen Liebeslebens tunlichst vermeiden wollte. Überzeugt, dass ich als gesunde Frau den Segen der Schulmedizin nicht benötigte, verdanke ich es nur meiner Hartnäckigkeit, meine Vorstellungen einer möglichst natürlichen Geburt, koste es was es wolle, in die Tat umgesetzt zu haben.

Ich fand die erste und damals einzige Gebärklinik Österreichs mit von Hebammen geleiteten Geburten. Die von Primar Dr. Rockenschaub geführte Semmelweis-Frauenklinik verzichtete auf sämtliche Routineinterventionen und besaß sogar einen ersten Gebärstuhl – ein Ungetüm aus Latex mit hoher Lehne. Ich war so begeistert, dass ich zwei Wochen vor dem errechneten Termin nach Wien zog. Und wurde für alle meine Mühen belohnt!

Diese tiefe Erfüllung und Bestätigung sowie das gewonnene Vertrauen in den eigenen Körper und meine Kräfte ließen in mir den Wunsch keimen, jenen Beruf zu ergreifen, der wohl zu den ganz wenigen archaischen in unserer zivilisierten Welt zählt. Ich wollte an dieser Schnittstelle des Lebens stehen und möglichst vielen Frauen und ihren Kindern die Erfahrung dieses überwältigenden Erlebnisses ermöglichen.

Ich war und bin bis heute davon überzeugt, dass dies der richtige Weg ist. Dass mein Traumberuf auch seine Schattenseiten hat, war mir ebenso klar wie die Tatsache, dass die Umsetzung meiner Vorstellungen ein mühsamer und konfliktreicher Kreuzzug werden würde. Es ist ein enormes Risiko, dem wir Hebammen täglich ausgesetzt sind. Ich spreche hier nicht von dem Risiko, Schäden an Mutter oder Kind zu verursachen – denn eine Geburt ist, entgegen allen Aussagen derer, die gut und gerne daran verdienen, ein sehr sicherer natürlicher Vorgang –, sondern von dem Risiko, existenzvernichtenden Klagen ausgesetzt zu werden. Es ist die krankhafte Vorstellung unserer Gesellschaft, dass alles machbar ist. Wenn dann doch einmal etwas passiert, muss ein Schuldiger vorgeführt werden, den man praktischerweise »per Kasse« sühnen lässt. Dies ist der eigentliche Grund, weshalb wir Hausgeburtshebammen eine vom Aussterben bedrohte Spezies sind. Dennoch habe ich meine Berufswahl nie bereut.

Meinen Eltern zuliebe schloss ich mein Dolmetscher- und Linguistik-Studium ab, bevor ich mit Ende zwanzig die Ausbildung an der Bundeshebammenlehranstalt Graz begann. Ohne meine beiden Kinder und meinen akademischen Titel wäre es definitiv leichter gewesen. Neid und Missgunst, aber vor allem Unverständnis begegneten mir auf Schritt und Tritt. Doch ich war hoch motiviert, unterrichtete sogar noch nebenbei an der Volkshochschule und träumte davon, gemeinsam mit meinem Mann Peter, der gerade sein Medizinstudium abschloss, ein Geburtshaus zu eröffnen …

Unsere Träume nahmen ein jähes Ende, als mein Mann eines Abends nicht nach Hause kam. Die Verständigung durch die Polizei gehört zu den Momenten in meinem Leben, die ich niemals vergessen werde. Für mich brach eine Welt zusammen. Peter überlebte den Autounfall, den ein alkoholisierter Lenker verursacht hatte, mit schwersten physischen und psychischen Verletzungen, unter denen die ganze Familie in den folgenden Jahren zu leiden hatte.

Ich zog die Konsequenzen und trat die Flucht nach vorne an. Mit mittlerweile drei Kindern und als Alleinverdienerin schien Spanien für uns die Lösung zu sein. Mir bot das Land lukrative

Verdienstmöglichkeiten, und meinem Mann half das günstige Klima bei seiner langwierigen Genesung. Spanien litt damals unter einem latenten Hebammenmangel. Ich verkaufte Haus und Hof und packte den Container. Leider war Österreich zu dem Zeitpunkt noch nicht Mitglied in der EU, sodass ich aufgrund etlicher Ausbildungsdifferenzen genötigt war, weitere Qualifikationen an einer spanischen Universität zu erwerben, hatten spanische Hebammen doch eine fünfjährige universitäre Ausbildung zu bewältigen. Dieses in erster Linie auf die praktische Ausbildung bezogene »upgrading« kam mir in den elf Jahren beruflicher Tätigkeit nicht nur in den Inselspitälern zugute, sondern mehr noch bei meinen Hausgeburten in den entlegensten Tälern von Teneriffa und La Palma. Nichts im Leben ist also umsonst.

In diesen Jahren betreute ich Geburten an Orten und unter Umständen, die in Österreich undenkbar wären, in Höhlen, ohne Wasser, ohne Strom, im nur zu Fuß erreichbaren Gebirge. Nur auf das eigene Wissen, einen Fetal-Doppler, wenige Medikamente, eine Kiwiglocke und einen Ambubeutel für den Notfall angewiesen, reduzieren sich die Möglichkeiten und das Machbare der Schulmedizin. Und ihr Zauberwort heute, *evidence based,* ist gleich zu vergessen. Stattdessen lernt man vieles neu: Tasten und Fühlen, Horchen und Hören, Riechen und Spüren – und dadurch ein besseres Verstehen. Intuition, ahnendes Erfassen, die unmittelbare Erkenntnis, die sich aus der Disharmonie der Sinne ergibt, wird wichtig. Intuition ist ein Talent. Jede Kunst, auch die Hebammenkunst, bedarf neben fundiertem Fachwissen dieses Talents. Auch das macht die Faszination dieses Berufs aus. Neben der Tatsache natürlich, dass man – vom Sex einmal abgesehen – hautnah am wohl beglückendsten, persönlichsten, intimsten zwischenmenschlichen Ereignis teil-

nehmen darf, das in unserer so oberflächlichen und zweckopti-
mistischen Welt noch voll Magie und Überraschungen ist, voll
wunderbarer Weisheiten und archaischer Wildheit.

Im Herbst 2005 wurde ich mit der Erstellung des Lehrplanes
für den Studiengang »Hebamme« an der Universität Graz be-
auftragt. Durch mein Studium, mehrere Jahre Lehrtätigkeit und
die nachfolgende Hebammenausbildung mit jahrelanger Berufs-
erfahrung schien ich dafür wohl prädestiniert, sodass also tatsächlich die Rückkehr nach Graz erfolgte. Sie war ziemlich
ernüchternd. Zum einen musste ich dem geburtshilflichen Establishment, der allmächtigen Ärztekammer und nicht zuletzt
den Politikern in meiner Heimat akuten Realitätsverlust attes-
tieren, zum anderen musste ich traurigerweise feststellen, dass
die von den USA längst übergeschwappte Klagefreudigkeit das
geburtshilfliche Klima mehr und mehr vergiftet hatte. Was war
in der Zwischenzeit passiert?

Ich hatte sechzehn Jahre zuvor den Hebammenberuf ergriffen, weil ich anlässlich meiner eigenen ersten Geburt erkannt
hatte, dass es bei dieser Tätigkeit absolut nicht gleichgültig ist,
wer gerade den Job macht. Dass ein Gelingen und Umsetzen all
der Wünsche und Hoffnungen eines Paares neben dem Fachwissen vor allem von der Empathie, der Geduld und nicht zuletzt der Ehrlichkeit der Person abhängt, die der jungen, oft blau-
äugigen Mutter in den intensivsten und intimsten Momenten
ihres Lebens zur Seite steht. Damals standen die Zeichen gut,
diese Vorstellungen verwirklichen zu können.

Als ich in das geburtshilflich konservative Spanien gezogen
war, hatte ich dort von Österreichs modernen Kreißsälen und
dem glorreichen Aufbruch hin zu einer humaneren Geburtshilfe geschwärmt. Nun stieß ich nach meiner Rückkehr statt-

dessen auf total verunsicherte Frauen! Zwischen der etablierten Schulmedizin und den freiberuflichen Hebammen herrschte – und herrscht noch immer – eine Stimmung wie im Mittelalter, wo Demagogie und Aberglaube zu den bekannten Opfern auf den Scheiterhaufen führten …

Seitdem bemühe ich mich, mit Vorträgen, Kursen, Doula-Schulungen, als Mentorin an der Fachhochschule und international als Referentin und Projektleiterin, den Fokus wieder auf die Hausgeburt zu richten und ihr den zu Unrecht anhaftenden Makel von Rückständigkeit und Gefahr zu nehmen. Ich hoffe, dass auch dieses Buch ein wenig dazu beitragen wird.

Heute lebe ich mit drei meiner vier Kinder und meinem Mann in Graz. Als Autorin historischer und erotischer Romane schreibe ich neben Short Storys und Fachartikeln gerade an meinem achten Roman. Als Hausgeburtshebamme kämpfe ich nach wie vor gegen das geburtshilfliche Establishment, was oftmals mehr als frustrierend ist. In einem Land, in dem Hebammen nicht in die Schwangerenvorsorge eingebunden sind und sich unter der gesellschaftlichen Wahrnehmungsgrenze bewegen, nutze ich immer wieder die Gelegenheit, über den eigenen Tellerrand zu blicken, indem ich mich so oft wie möglich internationalen Einsätzen widme. Ein spannendes Entwicklungshilfe-Projekt in der Westsahara geht nach drei Jahren gerade seinem Ende zu. In mehreren Einsätzen mitten in der Wüste überwachte ich den Bau von Gesundheitszentren und schulte Kolleginnen, aber auch traditionelle Laien-Hebammen für eine sicherere Hausgeburtshilfe.

Jüngste Reisen nach Argentinien, Chile, Bolivien, Mexiko, wo ich Vorträge auf internationalen Kongressen hielt, bestärkten mich in meinem Wunsch, mich für die Geburtshilfe in Lateinamerika zu engagieren. Ich knüpfte Freundschaften und nahm auch für meine berufliche Tätigkeit vieles mit. Wenn man Augen und Ohren offen hält, lernt man nie aus.

Meine Botschaft aber ist überall dieselbe. Sie ist klar und simpel:

Use it or lose it – the wisdom of nature

Eingeschneit im Doppelpack
Eine Zwillingsgeburt im Skihotel

Endlich klappte es einmal, Carla und Konrad während eines Skiurlaubs in Österreich zu treffen. Meine deutschen Freunde aus La Palma hatten eine Woche in den Weihnachtsferien in Tirol gebucht, und ich hatte mich kurzerhand zu einem Blitzbesuch für drei Tage entschlossen. Meine jüngste Tochter Noa begleitete mich, da Carlas Zwillinge im gleichen Alter waren. Die drei kannten sich von Geburt an und würden gemeinsam bestimmt viel Spaß auf der Piste haben. Da ich das Zimmer von Carlas ältester Tochter bewohnte, die bereits am zweiten Tag aus Liebeskummer wieder zu ihrem Freund abgezwitschert war, konnte ich mir die Nobelhütte sogar leisten.

Nach einem sonnigen ersten Nachmittag auf der Piste, den wir bis zur Sperrstunde des hauseigenen Kinderlifts ausnutzten, ging es erst einmal in die Zimmer, um die Kids aus den klitschnassen Skianzügen zu schälen. Danach stand dem Après-Ski nichts mehr im Wege. Wir dinierten im Speisesaal – ein Unterfangen, das mit drei Grundschulgören und einem fünf Monate alten Baby nicht unbedingt entspannt war –, aber das nette Personal des familienfreundlichen Hotels ließ uns die köstlichen Tiroler Schmankerln dennoch würdevoll genießen. Während Konrad sich mit unserer Erlaubnis schon mal in die TV-Bar verzog, um die Sportmeldungen zu hören – die den Informatiker normalerweise nicht im Geringsten interessierten –, bemühten

Carla und ich uns, die Kinder zu einer Stunde schlafen zu legen, in der spanische Kids noch nicht einmal ans Abendessen dachten. Überraschenderweise waren die drei vom Skifahren so müde, dass sie nicht einmal protestierten. Sonst frage ich mich ja manchmal, ob sie nicht heimlich irgendwo eine Espressomaschine in ihrem Zimmer herumstehen haben. Während Carla noch ihre Jüngste stillte, rief ich zu Hause an und beantwortete ein paar SMS. Dann machten wir uns auf die Suche nach Konrad.

Schon auf dem Weg zur Rezeption nahm ich um uns herum eine veränderte Stimmung wahr, die ich nicht einordnen konnte. Die TV-Bar war zum Bersten voll, wie sonst nur, wenn zu nächtlicher Stunde Mike Tyson, der fleischgewordene »Antichrist«, gegen Evander Holyfield boxt. Oder eben deren Nachfolger. Nur stiller war es. Kein Jubeln, kein Anfeuern, so still, als wäre einer der Kontrahenten auf der Matte liegen geblieben.

Nichts von alledem wurde gezeigt. Auf dem großen Bildschirm sahen wir im Scheinwerferlicht nichts als grelles Weiß. Schneemassen, schoss es mir durch den Kopf. Die eigenartige Beklemmung im Raum übertrug sich auf mich, ich hatte mit einem Mal das Gefühl, dass diese gigantischen Schneeberge irgendetwas mit uns zu tun hätten. Einen Augenblick später fuhr der Nachrichtensprecher mit der Berichterstattung fort. Die abgegangene Lawine versperrte die einzige Straße aus unserem Tal. Mit anderen Worten, wir waren von der Außenwelt abgeschnitten.

Ein Teil der Gäste fand dies offensichtlich lustig und orderte Runden von Schnaps. Bestimmt machten die Bars diesseits der Schneesperre heute das Geschäft ihres Lebens. Ich wusste allerdings nicht, was es da zu feiern gab.

Konrad gesellte sich an Carlas Seite und nickte zum Plasmabildschirm. »Scheiße, was? Gut, dass wir nicht morgen abreisen wollten.«

Carla dachte praktischer, eben wie eine Hausfrau denkt: »Dann wird es morgen wohl keinen frischen Salat geben. Also wenn nix Schlimmeres passiert! Sind Leute darunter begraben worden?«

Schulterzuckend nahm Konrad einen Schluck Bier. »Das wissen die ja noch nicht.«

Da sah ich Lawinensuchhunde und deutete zum Bildschirm. Kurz verfolgten wir noch die Berichterstattung, dann sagte Konrad, der Schwabe: »Gehen wir, hier sind mir zu viele Deutsche auf engstem Raum!« Energisch drängte er sich zwischen Carla und mich und schob uns um die Ecke zum Abgang in die Kellerbar. Kaum dass wir auf den Barhockern Platz genommen hatten, hielten wir einen Prosecco in Händen.

Tadelnd hob Carla den mit Aperol veredelten Perlwein und prostete uns zu. »Er will ja nur, dass ich trinke, um seine Beischlafchancen zu erhöhen«, flüsterte sie mir zu. »Das wird heute billig, denn als stillende Mutter habe ich schon ewig nichts mehr getrunken.«

»Gut«, schmunzelte ich, »dann muss ich wohl auch mithalten, damit ich nebenan nichts mitkriege!«

Ein paar Gläser später, als nur noch Salsa und Latinomix aus den Lautsprechern dröhnten, schwärmten Carla und ich von *flan, queso ahumado* und *tortilla* und versicherten uns gegenseitig, dass Letztere sogar an den kanarischen Tankstellen gekauft noch besser schmecke als das bei uns aufgebackene Pizzagebäck, ohnehin nur ein Importartikel aus Italien. »Aber nicht einmal den«, behauptete ich, »bekommen wir so g'schmackig hin wie unsere Nachbarn.«

»Wie soll die Pizza sein?«, fragte Konrad.

»G'schmackig!« Ich prostete ihm zu. »Die Pizza g'schmackig, die Mädchen g'schamig. Oder?«

Grinsend hob Konrad sein Bier.

Dann verschwand Carla, um nach den Kindern zu sehen. Sie kam jedoch im Nu wieder zurück, zerrte mich am Ärmel vom Barhocker und mit sich fort. »Na, mach schon, komm mit!«

»Was ist denn passiert?«, wollte ich hinter ihr herstolpernd wissen.

»Die brauchen dich!«

»Wie bitte?«

Kaum befanden wir uns im Foyer, eilte ein livrierter Angestellter auf uns zu, in seinem Schatten folgte der Rezeptionist und dahinter der geschäftsführende Direktor.

»Bitte, Frau Magister, Sie müssen uns helfen! Sie haben die Meldungen von der Lawine ja gehört.« Das kam vom Rezeptionisten.

»Ja …«, sagte ich. »Soll ich etwa schaufeln gehen?« Entweder war ich beschwipst, oder Carla hatte etwas ausgelassen. Nun, so viel hatte ich auch wieder nicht getrunken, dachte ich im ersten Moment. Ich wandte mich zu meiner Freundin um, die nur schmunzelnd die Schultern zuckte und den Rückweg Richtung Zimmer antrat.

Der Livrierte ging voran.

»Will mir einer bitte sagen, was hier los ist?« Offenbar hatte ich etwas ganz Entscheidendes nicht mitbekommen.

Der Direktor rückte Format füllend ins Bild. »Es ist zu befürchten, dass bei Frau – äh, Frau …«

»Jansen«, warf der Rezeptionist mit dem Jawohl-Herr-Direktor-Blick hilfreich ein.

»… dass bei Frau Jansen die Geburt einsetzt.«

»Ach, wenn es nur *das* ist«, lachte ich und dachte sofort, wie gut, dass ich vergessen hatte, meinen Hebammenkoffer aus dem Auto zu entfernen.

Der beleibte Direktor warf mir einen dümmlichen Blick zu. Typisch Mann, dachte ich, seine Frau hatte die Kinder vor dreißig Jahren bestimmt ohne sein Beisein im OP bekommen.

»Wir haben bedauerlicherweise keinen Arzt unter den Gästen, was eigentlich noch nie der Fall war«, beklagte er, und in seiner Stimme lag tiefe Besorgnis über diesen Umstand.

Das ist auch besser so, dachte ich, denn was half ein Zahnarzt oder Radiologe bei einer Geburt? Dass allerdings kein einziger Allgemeinmediziner in diesem Nobelschuppen abgestiegen war, konnte ich einfach nicht glauben. Ließ sich bestimmt verleugnen oder war schon zu betrunken.

»Bitte«, der Rezeptionist schritt energisch voran, »folgen Sie mir!«

Es ging nicht zu den Liften. Als wir das Hotelgebäude durch den Hintereingang verließen, schwante mir, dass sich das Paar im etwas abseits gelegenen Appartementteil einquartiert hatte. Ich trug zwar keine High Heels, aber für den Barbesuch war ich auch nicht mit Stiefeln ausgerüstet. Der bedrohlich ansteigende Gehweg, den der Rezeptionist entlanghirschte, war durch den jüngsten Schneefall nicht mehr von der Straße zu unterscheiden. Das Appartementhaus lag hell erleuchtet irgendwie direkt über uns. Neben mir watschelte der Direktor her. Ich hatte befürchtet, dass er es die steile Anhöhe nicht hinaufschaffen würde, doch meine Bedenken verflüchtigten sich, als ich diejenige war, die hinter ihm herkeuchte.

»Äh, Sie sehen das aber ganz entspannt, Frau Hebamme …!«, schnaufte der Direktor, als wir ins Foyer traten. »Ich habe mit dem Krankenhaus telefoniert …« Er rang nach Luft, die Stirn tief gefurcht.

Erklärend wandte sich der Rezeptionist um: »Es sind Zwillinge, müssen Sie wissen!«

Gott, dann ging es ja noch schneller! »Junger Mann«, rief ich, zwischen Direktor und Livriertem ausschreitend, »erstens ist das nicht die erste Zwillingsgeburt, die ich alleine bewältige, und zweitens schlüpfen die beiden Kinder nicht gleichzeitig durch.«

»Ah so … Ja, klar«, hüstelte der Direktor und brachte sogar ein Lächeln zustande.

»Außerdem«, erklärte ich im Lift, »wenn man sich fragt, ob man es schafft, braucht man es gar nicht erst zu versuchen.«

Irgendwann standen wir vor Zimmer 411 und klopften. Als die Tür aufging, zog ein Schwall verbrauchter Luft ins Treppenhaus. Ein nervöser Mann in den Vierzigern stand im Türrahmen und reichte mir eine feuchte Hand. Nachdem ich vom Rezeptionisten als die rettende Hebamme vorgestellt worden war, wandte ich mich auf der Schwelle zu dem jungen Mann um. »Warten Sie hier einen Moment. Sollte es wirklich so eilen, muss ich Sie bitten, mir Hebammenkoffer und Waage aus meinem Auto zu holen. Ich möchte mir nur zuerst ein Bild machen.«

»Ja, natürlich«, erwiderte der Rezeptionist beflissen, und ich schlüpfte durch die Tür.

Frau Jansen kniete auf dem Teppich, der unter ihr eine dunkle Verfärbung angenommen hatte. Ich schloss spontan auf Blasensprung, was sich kurz darauf bestätigte. Ihr schmerzverzerrtes Gesicht und die stöhnenden Laute ließen vermuten, dass die Geburt unmittelbar bevorstand. Ich riss die Tür zum Gang auf.

»Ein blauer Toledo mit Grazer Kennzeichen auf dem hinteren oberen Parkplatz. Familie Reiner hat die Schlüssel. Und bitte auf schnellstem Wege!«

Der Rezeptionist verstand und lief mit dem Livrierten zum Lift, gefolgt vom Direktor, der offensichtlich die Flucht ergriff, um die Sache nicht aus nächster Nähe verfolgen zu müssen. »Ich kümmere mich um einen Arzt in den Nachbarshäusern«, rief er mir über die Schulter zu.

Mach nur, dachte ich und schloss die Tür.

»Hallo, ich bin Ursula«, stellte ich mich der Frau in einer Wehenpause vor und schüttelte ihr die Hand.

Im Gegenzug hörte ich ein erschöpftes »Freut mich, ich bin Anita«, in bayerischem Dialekt.

Anita und Johann Jansen waren nun ein etwas untypisches »Zwillingspaar«. Einerseits in-vitro-fertilisiert, andererseits konstant beratungsresistent, was sämtliche Weisheiten der Schulmedizin betraf. Die beiden waren mir auf Anhieb sympathisch. Es war Anitas zweite Geburt, die ältere Tochter befand sich bei einer Freundin im Appartement nebenan. Bis zum errechneten Geburtstermin fehlten noch drei Wochen. Angst, dass die Kinder früher kommen konnten, hatten die beiden keine gehabt, aber man habe sich doch das nächstgelegene Krankenhaus mit Kreißsaal zumindest auf der Karte angesehen. Luftlinie ein Grillenhupfer – ohne Lawine.

In meinem geräumigen Hebammenkoffer hatte ich fast alles in doppelter Ausführung, ich würde also nur noch eine zusätzliche Person für das zweite Kind benötigen. Da mir der Vater einen recht kompetenten Eindruck machte, verzichtete ich auf den Vorschlag des Direktors, einen Sanitäter aus den Reihen des Personals hinzuzuziehen.

Soviel ich nach der äußeren Untersuchung feststellen konnte, war noch genug Zeit, um auf meine sterilen Handschuhe zu warten. Das abrinnende Fruchtwasser war klar. Inzwischen sah ich mir die beiden Mutterpässe an, die ich schon von meinen deutschen Frauen von La Palma her kannte. Ich fand nur wenige Eintragungen, die nicht mit gelbem Marker als Risikofaktoren gekennzeichnet waren. Seufzend schob ich die Mutterpässe zur Seite, half Anita aus ihren Kleidern und zeigte ihrem Mann, wie er ihr mittels Rückenmassagen die Wehen erleichtern konnte. Dann griff ich zum Zimmertelefon und ließ mich mit dem Chefrezeptionisten verbinden. Sofort hatte ich den jungen Mann an der Strippe.

»Bitte Handtücher, Bettwäsche und wenn möglich Inkontinenzauflagen organisieren. Ist mein Koffer schon unterwegs?«

»Schon auf dem Weg, Frau Magister!«

Ich plauderte mit Johann über die erste Geburt. Zu Anitas Stöhnen gesellten sich Seufzer, vor allem in den Wehenpausen. »Hör mal, … Himmel …!«, mischte sie sich ein. Mit dem letzten Rest an Geduld korrigierte sie ihren Mann, der alles durcheinanderbrachte. Zumindest chronologisch. Diesen Eindruck hatte ich auch. Entweder hatte er ein ähnliches Goldfischhirn wie ich, oder er war wie viele junge Väter einfach nur zu nervös gewesen, um sich an Details wie Blasensprung, Anzahl der Presswehen oder Positionswechsel zu erinnern. Dass dies keine marginalen Details sind und die meisten Frauen hier noch Jahre später pingelig und gnadenlos reagieren, musste Johann stillschweigend akzeptieren.

»Ist schon sieben Jahre her«, meinte sie entschuldigend und strich sich die blonden Locken aus dem Gesicht. Sie wollte wohl die entschieden fachmännische Massage nicht aufs Spiel setzen. Vermutlich kniete sie aus demselben Grund auch immer noch auf dem Teppich.

»Sicher«, sagte ich und kam auf das genaue Procedere dieser Geburt zu sprechen. Johann sollte das erste Kind alleine übernehmen, sofort in ein warmes Tuch wickeln und ihm prophylaktisch zwei von den homöopathischen Aconitum-Globuli unter die Zunge schieben. »Ist alles klar?«

»Ja, ja, keine Bange«, lachte Johann, etwas zu laut.

Ich war gerade dabei, Handtücher auf die Heizkörper zu verteilen, als ich an Anitas Atmen und Stöhnen erkannte, dass der Pressdrang einsetzte. Jetzt hätte ich langsam gerne meine Handschuhe, die Einmal-Absauger und die Globuli für die Kinder, fluchte ich. In diesem Moment klopfte es, und ich rannte zur Tür.

Lächelnd reichte mir der Livrierte die Babywaage und meinen Koffer. »Ist ein Handwerkskoffer, nicht wahr?«

»Richtig«, nickte ich und warf die Tür zu. Davor sah ich noch das Mädchen vom Zimmerservice mit einem Wagen frischer Wäsche um die Ecke biegen. Nun, das konnte jetzt auch noch bis nach der Geburt warten. Eilig streifte ich mir die OP-Handschuhe über. In diesem Augenblick begann Anita zu pressen. Langsam trat das kleine Köpfchen tiefer. In der nächsten Wehe schob es sich durch die geröteten Labien hindurch, und danach folgte in einem einzigen Schwung der zarte rosige Körper.

»Hey, da ist deine kleine Amelie!«, rief ich aufatmend, als das Kind sofort schrie. Ich nabelte das kleine Mädchen ab und reichte es an Johann weiter. Sofort tastete ich nach dem nächsten Kind. Die Fruchtblase stand noch, doch ich war mir sicher, dahinter nicht den Kopf, sondern den Steiß zu spüren. Verdammt! Zum Leitunglegen für ein prophylaktisches Wehenmittel, wie sie es in den Kliniken praktizieren, blieb ohnehin keine Zeit, denn die nächste Presswehe rollte an. Wichtiger waren mir die Herztöne des Kindes, deshalb angelte ich mir meinen

Sonicaid Fetal-Doppler aus dem Koffer. Nachdem ich mich vergewissert hatte, dass es dem Kind ausgezeichnet ging, richtete ich mir Stauschlauch, Venenkatheter, Klebeband, Kompressen und eine Ampulle Oxytocin her – falls es nach der Geburt zu einer verstärkten Blutung kommen sollte.

Aus den Augenwinkeln beobachtete ich einerseits die sich vorwölbende Fruchtblase, andererseits Johann, der sich bemühte, der Kleinen zwei Aconitum-Kügelchen unter die Zunge zu schieben. »Bitte ganz warm einpacken, Johann, leg sie Haut zu Haut auf deine Brust. Wärme ist jetzt das Allerwichtigste«, ermahnte ich ihn, denn das Kind lag zwar auf dem warmen Handtuch, war aber nicht zugedeckt. Die nächste Wehe rollte an, und ich widmete mich wieder Anita. »Gut so, mach nur langsam, wir haben keine Eile.«

Anita presste sanft, und ich tastete nach dem Höhenstand. Doch nur die Fruchtblase wölbte sich vor. »Ganz langsam, Anita«, bat ich und strich über Rücken und Steißbein der immer noch vor mir knienden Frau. Aus den Augenwinkeln beobachtete ich wieder Johann, der unterdessen nervös mit dem Kind auf und ab ging.

»Bitte, setz dich endlich hin!«, zischte Anita ihn nach Abklingen der Wehe an, und ich bedeutete ihm mit einer Geste, sich auf das Bett in ihrem Rücken zu verziehen.

In diesem Augenblick sprang die Blase. Grünes Fruchtwasser lief Anitas Beine hinab. Oh oh …! Ich fluchte innerlich, ließ mir aber nichts anmerken. Noch kein Grund zur Panik, sagte ich mir und tastete vorsichtig hoch. »Scheiße!«, entfuhr es mir. Was soll denn *das?*

Anita zuckte zusammen. Im selben Moment sprang die Tür auf, und herein stürmte ein fremder Mann, als hätte er sich in der Zimmertür geirrt.

»Dr. Vogel!«, polterte der Arzt, beruhigte sich aber schnell, als er die Situation erfasste. Amelie begann wieder zu schreien, und Dr. Vogel näherte sich dem Bett. Er stellte sich dem Vater als praktischer Arzt vor. Dann sah er sich um. Vermutlich suchte er ein Stethoskop. Das brauchen Ärzte immer. Es ist so etwas wie ihre Legitimation.

»In der Tasche der Babywaage ist das Stethoskop«, murmelte ich, »und dort«, ich wies mit dem Kinn zum Hebammenkoffer, »ist ein Desinfektionsmittel.« Da ich die Handschuhe anhatte und mich von Anita nicht mehr fortbewegen konnte, bat ich ihn gleich: »Ach bitte, seien Sie so nett und holen Sie doch von dem Wäschewagen vor der Tür Handtücher und Leintücher, sonst schwimmen wir noch weg.«

Dankbar suchte der Arzt die genannten Sachen zusammen, während mir die Schweißperlen auf die Stirn traten, als ich Anitas Beine abwischte. Mit einem Stoß Handtücher kam er schließlich zu mir und flüsterte: »Ist alles in Ordnung?«

Ich schüttelte den Kopf. Um die Lage des Kindes vor Anita und Johann nicht zu erwähnen, versuchte ich Dr. Vogel durch ein Handzeichen verständlich zu machen, wie das Kind lag. Er kapierte jedoch nicht, und so flüsterte ich ihm zu: »Es liegt quer!«

Dr. Vogel, ein freundlicher alter Mann mit grauem Bart und feuchter Unterlippe, sah mich an und verdrehte die Augen. Offensichtlich rechnete er nach, wann er das letzte Mal bei einer Geburt assistiert hatte, konnte sich aber wohl nicht mehr erinnern. Er richtete sich auf und griff sich an die Stirn. Uns beiden war klar, dass eine Querlage nur mit Kaiserschnitt zu entbinden war.

»Ist irgendwas?«, wollte Anita wissen. Ungeduldig verlagerte sie ihr Gewicht von einem Knie auf das andere.

Ich hörte die Herztöne ab, die etwas verlangsamt waren, aber immer noch im grünen Bereich. »Das Kind ist klein«, sagte ich zu Anita. »Die nächste Wehe wird unangenehm, aber du darfst auf keinen Fall pressen, ist das klar?«

Anita nickte und lehnte sich zurück. Vorsichtig tastete meine Hand die Vagina hinauf. Der Muttermund war wulstig und weich, hatte sich aber schon etwas geschlossen. Langsam schob ich meine Hand hindurch. Querlagen sind sehr selten, ich hatte sie bei viertausend assistierten Geburten erst wenige Male erlebt. Um einen eventuellen Armvorfall bei Querlage, bei dem ich Jahre zuvor in einem Krankenhaus Zeugin gewesen war und der nur operativ gelöst werden könnte, zu verhindern, tastete ich nach dem Steiß. Der Kopf war selbst mit der anderen Hand von außen nicht zu finden. Als ich mir sicher war, ein Bein und nicht einen Arm in den Fingern zu halten, zog ich vorsichtig. Der Steiß trat tiefer. Das Tiefertreten Richtung Beckeneingang versuchte ich ebenfalls mit der anderen Hand von außen zu unterstützen. Anita stöhnte, aber sie ließ mich gewähren.

»Anita, das Kind hat sich ungünstig gedreht«, erklärte ich ihr und bemühte mich, nicht allzu bekümmert zu wirken. »Aber das wird schon.«

Dr. Vogel erwischte den Zipfel eines Handtuchs und wischte mir den Schweiß von der Stirn. »Meine letzte Steißlage habe ich im Krieg entbunden!«, scherzte er, doch niemand lachte. Ich verstand ihn auch so. Ich hätte ihn ohnehin nur ungern hingreifen lassen.

»Wie wäre es, wenn Sie Frau Jansen mal einen Zugang legen, Dr. Vogel?« Der Abstand zwischen den einzelnen Wehen wurde immer größer. Auch wenn ich in diesem Stadium noch nicht daran dachte, das Wehenmittel anzuhängen, konnte eine Venenkanüle nicht schaden. Bevor die nächste Wehe anrollte, tastete ich wieder hoch. Anita presste nun mit, und langsam schob sich erst ein Fuß und dann ein Bein aus der Scheide. Nicht optimal, aber den Umständen entsprechend war das Manöver gelungen.

Nach der Wehe nickte ich auffordernd zum Venenkatheter neben dem Koffer. Dr. Vogel warf mir einen etwas unglücklichen Blick zu, der sich wohl auf Frau Jansens Position bezog, denn sie kniete immer noch, nun wieder auf beide Arme gestützt.

Meine Güte, geht das denn nicht auch so?, wetterte ich still, bat Anita aber: »Bitte dreh dich doch einmal um.« Ich war ihr behilflich, sich mit dem Rücken gegen das Bett gelehnt auf den Boden zu setzen. Unter ihren Po schob ich einen dicken Packen Handtücher.

Dankbar nickend machte sich Dr. Vogel daran, den Oberarm zu stauen. Im Nu hatte er den Zugang gelegt und richtete sich zufrieden auf. Auf einmal lag Zuversicht in der Luft. Anita bekam die nächste Wehe und presste konzentriert mit. Da erschien ein kleiner violetter Po und dann das nach oben geklappte Bein zusammen mit dem schmalen Unterkörper.

»Ja, Anita«, feuerte ich sie an, »das machst du ganz toll!« Dr. Vogel und ich lachten uns an.

»Und nun langsam«, mahnte ich sie. Ich griff im richtigen Moment hin, damit der Kopf nicht herausschoss. Den kleinen Max übernahm ich dann selbst, Dr. Vogel kümmerte sich um Anita. Er spritzte das Kontraktionsmittel, um die nach einer Zwillingsgeburt häufiger auftretende Nachgeburtsblutung zu verhindern. Zu nähen war nichts, Anita hatte nicht einmal eine Schürfwunde.

Aber Max musste abgesaugt und etwas reanimiert werden. Unter dem warmen Badetuch ging das mit sanftem Rubbeln und Rückenmassieren vortrefflich, und schon bald war der kleine Kerl rosig und schrie. Danach kümmerte ich mich wieder um

Anita und die Plazenta, und Dr. Vogel übernahm Max. Die vollständige Nachgeburt wanderte vorläufig in eine Salatschüssel. Ich war schon ziemlich neugierig, wie schwer die Kinder waren, und zum Spaß schlossen wir Wetten ab. Amelie, die Erstgeborene, wog fast zweieinhalb Kilo, ihr Bruder brachte zweihundert Gramm weniger auf die Waage.

Nun machte ich mich daran, das Schlachtfeld aufzuräumen und notdürftig zu reinigen. Sogar Dr. Vogel war umständlich behilflich. Man sah ihm in jeder Minute an, dass er einfach nur glücklich war.

Nachdem sowohl Mutter als auch Kinder gesäubert und erfrischt im Bett lagen, rief ich das Zimmermädchen herein und erlaubte dem vor der Tür abgestellten Livrierten, Frau Jansen zu gratulieren. Wenig später erschien der Direktor. Wie erwartet machte er einen etwas betretenen Eindruck, war aber sichtlich hocherfreut. Und zwei Tage später gewiss mit vor Stolz geschwellter Brust an der Seite der Mutter auf dem Titelblatt der Lokalpresse. Nachdem er die Eltern beglückwünscht hatte, kam er auf mich zu. Ich hatte mich mit Dr. Vogel unterdessen an den Esstisch in der Nische zurückgezogen.

»Liebe Frau Magister, also ich weiß gar nicht, wie ich Ihnen danken soll …!«, flötete er und schüttelte dabei kräftig meine Hand.

»Ihnen wird schon etwas einfallen«, schmunzelte ich.

Der Hoteldirektor lächelte ebenfalls und verbeugte sich. »Ja, bestimmt. Äh, der Rettungshubschrauber ist auf dem Weg und wird mit Kinderarzt und Inkubator bald hier sein.« Daraufhin verließ er gemeinsam mit dem Livrierten das Appartement. Ich hätte darauf gewettet, dass dieser wieder vor der Tür Stellung bezog.

Nachdem ich die Blutung kontrolliert hatte, half ich Anita, auch das zweite Kind an die Brust zu legen. Als ich mich danach wieder an den Tisch setzte, servierte Johann Brot, Tiroler Speck und Käse. »Darf ich euch einen Kaffee oder Tee machen?«

Ich lehnte dankend ab und bat um einen Saft, aber Dr. Vogel orderte erfreut einen Tee. Während das Wasser im Teekessel summte, erzählte mir der Arzt, dass er aus München komme und schon viele Jahre hier Skiurlaub mache. Irgendwann schüttelte er den Kopf und strich sich übers Kinn. »Querlage«, murmelte er, als könnte er es noch immer nicht glauben.

»Es war kein Kopf zu tasten und auch kein Steiß«, versicherte ich.

Er faltete die Hände auf dem Tisch. »Hm ... eine Wendung!« Wieder schüttelte er sein spärlich bewachsenes Haupt.

Ich sagte nichts dazu und war einfach nur unendlich froh, dass das Kind ohne Armvorfall geboren worden war. In anderen Ländern – wie zum Beispiel in Schweden – standen Wendungen auf der Tagesordnung. Seufzend stand ich auf und entnahm meinem Koffer die Vordrucke Geburtsprotokoll und Gebührenrechnung und begann, die nötigen Daten aus dem Mutterpass einzutragen.

Es war Mitternacht vorüber, als ich mit der Dokumentation fertig wurde. Beide Kinder nuckelten an der Brust, und für einen Augenblick herrschte eine geradezu feierliche Stille. In diese Idylle hinein polterte von einer Sekunde zur anderen ein Team von Rettungsleuten. Da sie das Objekt ihres Einsatzes schnell ausmachten, stürzten sich alle drei aufs Bett. Der Notarzt auf die Frau und der Neonatologe und die Säuglingsschwester auf die beiden Kinder. Der mütterlichen Wärme entrissen, begannen sie lauthals zu schreien. Im Nu war in dem kleinen Appartement die Hölle los.

Dr. Vogel, Herr Jansen und ich beobachteten das Szenario vom Essplatz aus, wobei uns ein hereingerollter Monstertransportinkubator etwas die Sicht verstellte. Irgendwann hatten die drei dann begriffen, dass sie keine Wiederbelebungsversuche oder sonstigen lebensrettenden Maßnahmen einleiten mussten, und wandten sich mit den üblichen Protokollen an uns. Zuerst sprachen sie Dr. Vogel an, doch der verwies gleich an mich mit den Worten: »Bitte, wenden Sie sich doch an die Geburtshelferin.«

Der Hergang war in wenigen Sätzen geschildert. Der junge hagere Rettungsarzt, ein Mann mit auffallend langem Hals und hervortretendem Adamsapfel, notierte alle meine Angaben und reichte sie an Kinderarzt und Säuglingsschwester weiter.

»Nun, Herr Jansen«, wandte sich der Notarzt schließlich an den Vater, mit dem bis dahin noch niemand gesprochen hatte, »wir müssen die Kinder natürlich mitnehmen. Nach so einer Notgeburt quasi … und die Kinder sind auch noch sehr klein …«

»Da kann sich schnell ein Atemnotsyndrom entwickeln«, erklärte der Neonatologe freundlich.

Johann schrumpfte auf seinem Stuhl zusammen. »Und meine Frau?«, wollte er wissen.

»Äh, Ihrer Frau geht es doch gut. Um die Wahrheit zu sagen, sie hat im Rettungshubschrauber zusammen mit dem Inkubator leider keinen Platz. Eventuell morgen …«

Mein Gott, dann soll doch die Schwester die Nacht im Hotel verbringen oder der Neonatologe!, dachte ich. Er wird die Kinder im Landeskrankenhaus nicht stillen können, und wer weiß, für welche Einsätze sie morgen den Hubschrauber brauchen würden. Freundlich unternahm ich einen neuerlichen und, wie mir schien, keinesfalls aussichtsreichen Versuch, den fabelhaften

Zustand der Kinder zu erklären. Von Notfall konnte ja wohl nicht mehr die Rede sein.

Davon bestärkt rief Anita vom Bett herüber: »Johann, wir bleiben hier!«

»Hm …« Herr Jansen blickte von einem Arzt zum anderen.

Der Notarzt hatte offenbar ein Zögern nicht in Betracht gezogen, denn er wirkte etwas aus der Fassung geraten. Der Kinderarzt sah auf die Uhr. Die halb gesenkten Lider verbargen seinen spöttischen Blick.

Ich wusste, wie es ausgehen würde. Der Jungspund würde Druck machen, und als Rettungsarzt hatte er hier die Entscheidungsgewalt. Gott, sie kapierten nichts, rein gar nichts!

Da meldete sich Dr. Vogel zu Wort und bot an, sich im Laufe der Nacht um Frau und Kinder zu kümmern. »Morgen«, meinte er augenzwinkernd zu mir, »könnte ja die Hebamme ein paar Visiten übernehmen.« Und dann würden die Jansens doch sicherlich aufbrechen, sobald die Straße befahrbar wäre.

Anita klatschte in die Hände, Johann zuckte nur eine Schulter. »Keine Chance, denke ich.«

Ratlos steckten die drei vom Rettungsteam ihre Köpfe zusammen und berieten sich. In das Flüstern hinein klopfte es an der Tür, und Johann öffnete. Das Bild totaler Ratlosigkeit wurde daraufhin noch von dem Piloten komplettiert, der nach dem Abtransport der Kinder sehen wollte und nun erfuhr, dass die Mutter sie nicht freigeben wollte. Schließlich packten alle ihre Taschen und verabschiedeten sich.

Kopfschüttelnd. Mit schmerzlich verzogenen Lippen. Der Vorfall würde nicht unkommentiert bleiben. Man kann ja schon über Notfallsanis genug Bösartiges sagen, schwante mir, und über Hebammen erst recht. Mal sehen, was in der Zeitung stehen würde …

Carla hatte mich kommen hören und schlich aus dem Schlafzimmer. »Na, wie ist es gelaufen?«

»Großartig, ehrlich! War aber nicht ohne.«

»Hör mal, da muss schon was anderes daherkommen als Zwillinge, dass du nicht damit fertigwirst!«

Carla ist eine Handbreit größer als ich, aber in diesem Augenblick überragte ich sie fast. »Du sagst es«, grinste ich. Okay, in puncto Demut habe ich die ganz große Klasse noch nicht erreicht. Auf Zehenspitzen schlich ich ins Zimmer, in dem Noa selig schnarchte.

Konrad steckte am nächsten Morgen unsere drei Mädchen in den Tagesskikurs beim hauseigenen Lift, sodass ich nach einem gemütlichen Frühstück ungebunden war. Ich ging natürlich sofort zu den Jansens. Anita ging es gut, sie bereute ihre Entscheidung nicht. Für Johann hatte dies bedeutet, sich in aller Früh nach Pampers und den kleinsten Strampelanzügen umzusehen, die er finden konnte. Kein leichtes Unterfangen, da es außer Trachtenstuben, Delikatessenläden und Schmuckgeschäften in dem kleinen Ort nicht viel gab. Dennoch war er irgendwo fündig geworden und hatte winzige dünne Baumwollpyjamas mitgebracht. Dazu noch kuschelig weiche Plüschdecken.

Bis zum Nachmittag, den ich im angenehm temperierten Pool des Hotels verbrachte, hatte ich noch zweimal bei Anita vorbeigeschaut. Mit dem Stillen klappte es prima, und auch sonst war für alles gesorgt. Am Abend klopfte Johann an unsere Tür, wir waren gerade dabei, unsere kleinen Skiheldinnen ins Bett zu stecken.

»Also, ich finde, diese Geburt muss doch gefeiert werden!«, rief er und stellte einen Korb mit Spezialitäten in unser Zimmer. »In einer halben Stunde an der Bar?«

Gegen neun Uhr trafen Konrad, Carla und ich den frischgebackenen Vater an der Hawaii-Bar im Keller des Hotels. Es wurde ein sehr vergnüglicher Abend, obwohl Johann uns schon bald verließ und auch Carla zwischendurch immer wieder aufs Zimmer verschwand. Dafür lud uns der Direktor höchstpersönlich ein, und der Sekt floss in Strömen. Auch der DJ hatte Anweisungen, alle meine Musikwünsche zu erfüllen, da schnell klar war, wie gerne ich tanze.

Schön, dass es im Leben Dinge gibt, mit denen man wirklich immer rechnen kann. Zum Beispiel mit einem Kater, der im wahrsten Sinne des Wortes umwerfend war. Irgendwann erwachte ich aus beunruhigender Schwärze und hörte Babygeschrei. Als ich die Augen aufschlug, traf mich das Vormittagslicht mit schmerzhafter Intensität. Auch mit einem aufs Zimmer bestellten starken Kaffee ließ sich das Ungetüm katzenartiger Provenienz nicht so schnell besänftigen. Vorsichtig ließ ich mich zurück in die Kissen gleiten und schloss sofort die Augen. Den restlichen Vormittag verbrachte ich mit den einfachsten Beschäftigungen. Wie schlafen. Um ein Kopfschmerzmittel und eine Nackenmassage bitten. Gnadenlos hämmerte es in meinem Kopf wie in einer Werftschmiede, bis endlich die beiden Aspirin wirkten.

»Hallo!«, rief Carla fröhlich, als sie mich auf die Toilette schleichen sah. Sie war mit den Kindern eben erst aus dem Frühstückssalon zurückgekehrt.

»Morgen«, brummte ich, weit weniger vergnügt. »Wie geht es Konrad?« Immerhin hatte er mehr getrunken als ich – wenn ich das richtig mitbekommen hatte.

»Also, ich denke, wenn man einen Fuß nicht mehr gerade vor den anderen setzen kann, sollte man sich grundsätzlich Gedanken machen.«

»Wenn man einen Fuß nicht mehr gerade vor den anderen setzen kann, macht man sich grundsätzlich keine Gedanken mehr ...«

Carla lachte. Hörte ich da etwa ein wenig Schadenfreude heraus, oder war ich nur überempfindlich? »So betrunken war er auch wieder nicht«, beschwichtigte ich. Immerhin waren wir zusammen von der Bar aufs Zimmer gestiegen. Das war ganz problemlos gegangen.

»Ach nein, wie würdest du das dann nennen? Er hat drei Anläufe gebraucht, um überhaupt das Bett zu erreichen. Dort pennt er jetzt noch.«

Oh oh, dachte ich, dann war der Tag für Carla sicher im Eimer. Ich duschte, zog etwas Bequemes an und ging zu einem späten Frühstück in den Salon. Wie zu erwarten saß ich mittlerweile allein dort, während das Gros der Hotelgäste sich bereits auf den Pisten tummelte. Hinter der Fensterscheibe glitzerte das Weiß in der Sonne, dass mir die Augen schmerzten. Ein prächtiger Tag zum Skifahren ...

Beim geschlossenen Mittagstisch, zu dem sich auch Konrad geschleppt hatte, erschien der Redakteur des Lokalblatts, um ein Foto von der Hebamme aufzunehmen. Der junge Mann kam aus Südtirol und sprach ein Tirolerisch, das für mich etwas gewöhnungsbedürftig war. Nachdem die Aufnahme, die mich mit meiner Tochter zeigte, im Kasten war, scherzten wir noch ein wenig über seine Aussprache, und ich erzählte ihm, dass meine Oma Tirolerin sei. Carla und Konrad hatten kein Wort von unserer Unterhaltung verstanden. Aus heiterem Himmel fielen mir plötzlich die Worte von Karl Kraus ein, die sinngemäß lauteten: »Irgendein Österreicher übersetzte aus dem Deutschen in eine ihm ebenfalls unbekannte Sprache.« Wie treffend.

Auf der Heimfahrt schaltete ich die Freisprechanlage ein. Noa hörte mit meinem mp3-Player Musik, und ich telefonierte mit Gott und der Welt. Unter anderem wollte ich unbedingt Robert, einem Gynäkologen und langjährigen gemeinsamen Freund, von der Zwillingsgeburt erzählen. Da er nicht abhob, hinterließ ich eine Nachricht auf seinem Anrufbeantworter und bat um Rückruf.

Am selben Abend läutete mein Handy auf dem Küchentisch. Ich schnitt gerade Zwiebeln für das Gulasch, das ich für den nächsten Tag vorbereitete, als mein Mann Peter in die Küche geeilt kam. Da er Roberts Namen auf dem Display las, drückte er die Lautsprechertaste. »Hallo, Robert!«

»Hi! … Störe ich euch gerade? Du klingst so außer Atem …«

»Um diese Uhrzeit? Wir haben noch Kids zu Hause.«

»Ah ja. Ich dachte nur, weil ich vor einer Viertelstunde schon mal angerufen habe …«

Da war ich einen Stock tiefer beschäftigt gewesen. Zwar auch mit Peters Unterwäsche, aber weit weniger erotisch, als jetzt gemutmaßt wurde. Anstatt sie ihm aufreizend über die immer noch erstaunlich knackigen Pobacken zu ziehen – die Männer sind in vorgerückten Jahren bindegewebsmäßig einfach im Vorteil – stopfte ich sie von der Waschmaschine in den Trockner.

»Hör mal, mein Freund, die Begattung dauert beim Schimpansen, unserem nächsten Verwandten, nun …«

»Ja?«

»Na, ich will dich nicht frustrieren …!«

»Spuck's schon aus!«

»Äh, drei Minuten.«

»Ha, ha, ha.«

»Ich meine nur, weil du bei einer Viertelstunde Unabkömmlichkeit sofort *darauf* schließt …«

»Der Orgasmus eines Schweins dauert dreißig Minuten«, konterte Robert. »*Daran* sollte man sich orientieren!«

Oh. Mein. Gott! »Schluss, jetzt reicht es!«, rief ich, sprang zu Peter und riss ihm das Handy aus der Hand. »Machos, allesamt!«

Ich hatte das mit dem Schwein noch nicht ganz verarbeitet. Dreißig Minuten. Glückliches Schwein! Kann man sich das vorstellen? Gott liebt das Schwein.

Ich klemmte mir das Handy zwischen Schulter und Kinnlade, und während ich die Zwiebeln in der Pfanne röstete, erzählte ich Robert von der Zwillingsgeburt. Wir hatten vor vielen Jahren eine ähnliche Geburt erlebt, an die auch er sich sogleich erinnerte, weil so ziemlich alles schiefgegangen war, was schiefgehen konnte, ohne dass wir etwas dafür konnten.

Es geschah während unserer gemeinsamen Ausbildungszeit an der Universitätsklinik, in der ich zur systemkritischen Hebamme und er zum Musterexemplar eines systemloyalen Gynäkokken heranreifte. Aber seine Entwicklung zum multiresistentesten Klinikkeim seiner Zeit war nicht das einzige Besondere an unserer kontroversen Beziehung. Robert war nicht perfide. Im Gegenteil, er konfrontierte alle direkt mit ihren Fehlern, auch diejenigen, die es gar nicht wissen wollten. Bald hatte er sich mit seiner wenig charmanten besserwisserischen Art und seinem unheimlichen Wissen ebenso viele Feinde geschaffen wie ich – und praktischerweise waren es dieselben. Mit anderen Worten: die halbe ärztliche Belegschaft. Von da an kämpften Peters ehemaliger Sportsfreund und Studienkollege und ich gemeinsam gegen die Ignoranz des versnobten geburtshilflichen Establishments. Und das von zwei völlig unterschiedlichen ideologischen Standpunkten aus!

»Ich wünsche dir jedenfalls alles Gute für 2008!«, beendete ich etwas später unser Gespräch.

»Ja, mach's gut und alles Liebe!«

Auf dem Display sah ich eine Nachricht von Karo und Markus. An die Geburt ihres ersten Kindes, des kleinen Valentin im Vorjahr, konnte ich mich lebhaft erinnern. Einerseits, weil der Kleine mit knapp siebenunddreißig Wochen doch etwas früh dran gewesen war, und andererseits, weil er wegen Aspirationsgefahr und des in der Familie gehäuft auftretenden Reflux auf die Kinderklinik verlegt worden war. Karo schickte mir oft nette SMS, und nach Valentins Aufenthalt in der Kinderklinik hatte sie mir einen rührenden Brief geschrieben. Darin dankte sie mir dafür, dass ich ihr ihre eigene Stärke gezeigt und ihr Mut gemacht hatte. Mut, ihr Kind spontan, ohne Eingriffe und ohne Medikamente zu Hause zu gebären. Ich lese ihn immer wieder. Es geht nur darum, dass die Frauen wieder an sich selber glauben.

In der SMS schickte sie mir ein Bussi von Valentin und folgende Wünsche:

»Für Dich soll 2008 jede Menge los sein: der Himmel wolkenlos, Dein Herz sorglos, Dein Glück wunschlos, Dein Schutzengel arbeitslos, Dein Gemüt schwerelos, Deine Freude grenzenlos, Deine Liebe zweifellos, Deine Arbeit mühelos und die guten Zeiten endlos!«

Mit Blasensprung noch schnell an Bord
Eine Beinahe-Frühgeburt zwischen zwei Inseln

»Schön, dich so entspannt zu sehen.« Carla strahlte mich an und nickte zum Kuchenblech. »Willst noch ein Stück?«

Carla backt sagenhafte Obstkuchen, der Teigboden zergeht jedes Mal auf der Zunge, so mürb und saftig ist er.

»Hm, du meinst, das ist ohnehin nur gesundes Obst …«

»Ja klar. Schlank machende Reineclauden …«

»… unter denen sich lecker verpacktes Hüftgold versteckt.«

»Gut versteckt«, nickte meine Freundin. »Genieß den ruhigen Nachmittag!«

»Freu dich nicht zu früh«, sagte ich lachend und hielt ihr mit einem Blick auf mein Handy den Teller hin, »das fiese Ding kann das ganz schnell ändern.«

»Wann hast du denn deinen nächsten Dienst oben?« Mit »oben« meinte Carla das auf einer Anhöhe gelegene Hospital General von La Palma, der kleinen Kanareninsel, auf der ich seit vielen Jahren lebte und arbeitete.

»Morgen Nacht.«

Wir saßen auf Carlas Terrasse unter einem riesigen Sonnenschirm und sahen unseren im Garten herumtollenden Kindern zu. So wie sie dabei schwitzten, würde es nicht lange dauern, bis sie auf die Idee kamen, in den Pool zu hüpfen. Für hellhäutige blonde Kinder war es im Juni kurz nach Mittag jedoch zu heiß zum Planschen, das Protestgeschrei war vorprogrammiert.

Meiner jüngsten Tochter Noa fiel es als Erster ein, baden zu gehen, begeistert stimmten Carlas Zwillinge der Idee zu. Mithilfe einer großzügigen Portion Eis gelang es mir noch einmal, die drei auf einen späteren Zeitpunkt zu vertrösten.

Während Carla schnell zur Schule hochfuhr, um ihren Sohn abzuholen, blätterte ich in einer Illustrierten und behielt dabei die drei Kids im Auge. Das Klingeln meines Handys holte mich von einer langweiligen Reportage über die Cellulitisprobleme von Hollywoodstars wieder zurück ins Hier und Jetzt. Auf dem Display registrierte ich eine deutsche Handynummer, das war noch nicht weiter ungewöhnlich. Dann ertönte jedoch eine aufgeregte Stimme in Englisch. Es war Harry aus La Gomera.

Von der zwischen La Palma und Teneriffa gelegenen Kanareninsel kamen immer wieder Anfragen, ob ich nicht doch zu einer Hausgeburt »hinüberkommen« könnte, denn bis vor ein paar Jahren gab es noch eine direkte Verbindung mit der Fähre. Die Überfahrt dauerte vier oder sechs Stunden, je nachdem in welche Richtung es ging. Die zahlreichen Anfragen waren nicht verwunderlich, war diese zweitkleinste Insel des Archipels doch das Refugium paarungsfreudiger Aussteiger, meist mit abgebrochener Berufsausbildung und überdurchschnittlicher Abneigung gegen die Schulmedizin. Hebammen gab es auf der circa zwanzigtausend Einwohner zählenden Insel keine, und wenn sich einmal eine in das kleine Inselspital verirrte, blieb sie nicht lange, da die Geburten in der Hand eines Gynäkologen lagen, der sogar den spanischen Hebammen zu hinterwäldlerisch und konservativ war. Ich kannte den Kauz noch aus meiner Zeit als Oberhebamme in Teneriffa und wusste, dass jede Frau mit Babybauch am besten einen weiten Bogen um ihn machte.

Der Engländer klang ganz so, als wäre etwas passiert. Seine

Freundin hatte mich ein paar Wochen zuvor bezüglich einer Hausgeburt kontaktiert, und wir waren so verblieben, dass die beiden rechtzeitig vor dem Geburtstermin nach La Palma übersiedeln sollten.

»*Her water broke …!«,* eröffnete mir Harry.

»*Really? Let me speak to Anja, please.*« Ich hörte Anja im Hintergrund telefonieren. Offensichtlich beendete sie das Gespräch rasch, denn sie nahm sein Handy entgegen und begrüßte mich.

»Herrje, Anja!«, rief ich. »Ist das wahr? Es ist doch noch viel zu früh!« Ehrlich gesagt hatte ich keine Ahnung, in welcher Schwangerschaftswoche Anja war. Sie selbst wusste ja nicht einmal, wann sie die letzte Regelblutung gehabt hatte, nur dass es irgendwann vor Weihnachten gewesen war. Das war in etwa neun Lunarmonate her, demnach war Anja jetzt in der 36. Schwangerschaftswoche. Bestenfalls. Gynäkologische Untersuchungen hatten nicht stattgefunden, Ultraschall oder Ähnliches schon gar nicht. Seit ihrer Ankunft auf La Gomera schwebten die beiden auf Wolke sieben. Unter Gleichgesinnten im Valle Gran Rey, dem Aussteiger-Eldorado seit fernen Hippiezeiten, fiel das auch nicht weiter auf. Dort sind alle glücklich. Dass die jungen Einheimischen wegen der schlechten Zukunftschancen die Insel scharenweise verließen, um nicht wie viele Gomeros dem Alkoholismus zu verfallen, beeindruckte die Jünger Otto Muehls und anderer nachfolgender Gurus nicht. Sie predigten von freier Sexualität bis zum Gedankengut der umstrittenen Profit-Sekte Scientology – in Spanien übrigens vor ein paar Jahren als Kirche anerkannt – alles, was ewig Suchende oder labile junge Menschen auf Selbstfindungstrips gerne hören.

»Ja, mir fehlen noch ein paar Wochen. Kann ich trotzdem kommen?«

»Wie bitte?«

»Ich habe keine Wehen, mir geht es gut.« Anja klang weder verängstigt noch beunruhigt. Sie trieb nur etwas zur Eile.

»So, wie du es beschrieben hast, handelt es sich um einen richtigen Blasensprung. Auch wenn du jetzt keine Wehen hast, können sie rasch einsetzen. Eine Frühgeburt geht oft recht schnell ...«

»Soll ich das Kind denn hier allein bekommen?«

Ich hörte, wie sie Harry antrieb, ihre Sachen zu packen. »Natürlich nicht!«, rief ich. Ich sah sie förmlich von einem Zimmer ins andere springen. Dabei wusste ich gar nicht, wie sie aussah. Und vielleicht bewohnten sie auch nur ein Zimmer. »Hör mal, du musst irgendwie nach San Sebastian!« Die Inselhauptstadt und das Spital lagen auf der entgegengesetzten Seite vom Valle Gran Rey. Die Fahrt dorthin dauerte über eine Stunde und war unangenehm kurvig.

»Also ins Inselspital gehe ich sicher nicht«, konterte Anja etwas kurzatmig. »Ich habe mich gerade nach dem Schiff nach La Palma erkundigt ...«

»Wie stellst du dir das denn vor? Das ist Wahnsinn!« Die Fähre wäre einige Stunden unterwegs – was, wenn die Geburt auf dem Schiff losging? Wir hätten dann nicht einmal Handyverbindung. Abgesehen davon, war es dafür viel zu spät. Ich sah auf die Uhr. Die letzte Fähre von Teneriffa nach La Palma mit Zwischenstopp in La Gomera würde in Kürze ablegen.

»Wir versuchen es und hauen jetzt ab. Ich melde mich später!«

»He, wart mal ...«, aber sie hatte schon aufgelegt. Ich hätte wetten können, dass Anja die letzten Worte schon im Laufen gerufen hatte. Das würde die Geburt erst recht in Gang bringen. Sie müssten Glück haben, wenn sie es überhaupt rechtzeitig ins Inselspital schafften! Aber zur Fähre? Ich schüttelte den Kopf. Das würde nie und nimmer klappen!

Als Carla von der Schule zurückkam, erzählte ich ihr die seltsame Geschichte.

»Na, ich sehe dich schon mit deinem Koffer zum Hafen sausen«, lachte sie und machte uns noch einen Cappuccino. »Den wirst du brauchen.«

»Du bist eine unverbesserliche Optimistin«, versicherte ich, wobei ich eigentlich nicht wusste, was an dieser Aussicht optimistisch sein sollte. Auch das einzige Spital von La Palma hatte keine Frühgeborenenstation, allzu kleine Frühchen mussten mit dem Hubschrauber nach Teneriffa geflogen werden. Die Crux dabei war allerdings, dass dieser Hubschrauber in Ermangelung eines eigenen erst von Teneriffa angefordert werden musste.

Es war reiner Zufall, dass ich das SMS-Signal meines Handys hörte. Ich saß am Poolrand, und die Kinder veranstalteten im Wasser einen ohrenbetäubenden Lärm. Laut las ich Carla vor:

»Haben Fähre erreicht. Von La Calera, dem kleinen Fischerhafen von Valle Gran Rey, brachte uns ein Fischkutter nach San Sebastian. Keine Wehen, nur manchmal wird der Bauch hart. Fruchtwasser geht nur noch wenig ab. LG Anja.«

»Na, hab ich's nicht gesagt?«, lachte Carla. »Das wird ein kleiner Palmero.«

»Okay, okay, du hattest wieder mal recht. Ihr Deutschen seid doch wirklich hartnäckig. Und besserwisserisch!«

»Nicht besserwisserisch – sechster Sinn, meine Liebe.«

Ich seufzte. »Na gut, jetzt muss ich Tere Bescheid geben.«

»Sag bloß, du willst mit ihr auf die andere Seite fahren?«

»Hast du eine bessere Idee? In der Kürze kann ich hier nichts organisieren.« Jedenfalls kein Appartement für eine Hausgeburt.

Carla zog die Stirn kraus. »Und wenn sie Wehen hat? Die Fahrt ...«

»Natürlich wird sie Wehen haben, der Bauch wird ja jetzt schon hart, wie sie schreibt. Wenn es nicht anders geht, müssen wir zu mir.«

Während ich nach Noas Sandalen Ausschau hielt und dieses Problem zerstreut bedachte, wählte ich Teresas Nummer. Meine palmerische Freundin besaß auf der anderen Seite der Insel Appartements, die sie vermietete und in denen schon so manche Hausgeburt stattgefunden hatte. Sie lagen zwar von mir zu Hause knapp eine Stunde entfernt, aber Teresa war nicht nur absolut verlässlich, sie war auch Pflegehelferin im Kreißsaal des Hospitals, wo wir einander vor vielen Jahren kennengelernt hatten, als ich sie von ihrer Tochter Valentina entband. Seit sie wieder arbeitete, versuchten wir, so oft es ging zusammen Dienst zu machen.

Als die Sonne längere Schatten warf und Carlas Terrasse in goldenes Licht tauchte, fuhr ich nach Hause. Ich nahm die Wäsche ab, warf den Packen über einen Stuhl und ging dann in die Küche. Nachdem die Getreidemühle den Dinkel für den Palatschinkenteig fein gemahlen hatte, verquirlte ich Eier, Milch und Mehl und richtete Marmelade und Staubzucker her.

Peter kehrte aus unserer Bio-Bananenplantage zurück und holte sich auf dem Weg ins Bad ein Bier aus dem Kühlschrank. »Mmm, überbäckst du sie mit Topfen, ja?«

Ich schüttelte den Kopf. »Sorry, keine Zeit. Du musst sie dir schon selber füllen.« Langsam goss ich den Teig in die Pfanne. »Ich werde mir heute mit Sicherheit die Nacht um die Ohren schlagen müssen«, jammerte ich und erzählte ihm von den Neuigkeiten.

Peters Gesicht verzog sich. »Du hast gesagt, du übernimmst so etwas nicht mehr. Also ehrlich, du spinnst!«

»Ach! Ist dir eigentlich schon mal aufgefallen, dass bisher keine einzige der Hausgeburten hier auf dieser Insel eine Null-achtfünfzehn-Geburt war?«

»Das stimmt nicht. Frühchen kommen so oder so selten vor – aber dann diese Schnapsidee, mit dem Schiff anzutuckern …!«

»Meine Idee war das nicht!«

»Sag jetzt nicht, du hättest sie kategorisch abgewiesen!« Er brachte die Dinge immer gnadenlos auf den Punkt.

»Die Sache ist viel komplizierter …«

»Das sind deine Sachen immer.« Kopfschüttelnd nahm Peter einen Schluck aus der Flasche. »Ich habe dich nur daran erinnert«, fuhr er mit ruhiger Stimme fort, »dass du erst vor Kurzem erklärt hast …«

»Sicher. Ich bin ausreichend bescheuert, zu Silvester Vorsätze zu fassen, wie jeder andere Trottel auch. Man weiß doch längst, dass gute Vorsätze kontraproduktiv sind.«

»Dann fahr doch und mach! Was jammerst du mich an?«

»Es ist kein anderer da.«

»Dann musst du dir aber von mir auch anhören, dass das vollkommener Blödsinn ist. In San Sebastian ist ein Inselspital. Nach dem Blasensprung aufs Schiff zu hüpfen ist und bleibt eine Schnapsidee.«

»Dein Wunsch, recht zu behalten«, erklärte ich, während ich die Palatschinke wendete, »ist bei dir tragischerweise viel intensiver ausgeprägt als dein Interesse zu prüfen, ob du überhaupt recht hast. Was weißt du schon über diese Frau?«

»Sie hat bestimmt zu lange in der Sonne gelegen. Und das Erste, was in der Hitze schrumpft, ist das Hirn!«

»Uiii!«

»Hör mal«, versicherte er und begann, die erste Palatschinke mit Marmelade zu bestreichen, »ich will auch gar nichts über diese Deutsche aus der Ökolatschenfraktion von Gomera erfahren. Würde man ein Dach über die Insel spannen, könnte man glauben, in einer geschlossenen Anstalt zu sein – mit Gurus und Sektenführern als Wärter. Und mich lass in Zukunft mit der Jammerei bitte in Ruhe. Du versuchst doch ständig, die Realität an deine Ideen anzupassen.«

»Da bin ich aber sicher nicht allein!«

»Nein, du ziehst auch noch andere, Unschuldige, mit hinein.«

»So?« Hektisch begann ich die Palatschinke vom Pfannenrand zu lösen. »Wen denn, bitte schön?«

»Na, Teresa, zum Beispiel.«

Ich klatschte die nächste Palatschinke auf den Teller. »Tere ist erwachsen und zufällig eine Frau. Da ist einfach Loyalität da. Kapierst du das nicht?«

»Doch, doch, ich versteh schon.«

Ich sah ihn an und wusste: Er verstand nichts. Gereizt hielt ich ihm die Schüssel mit dem restlichen Teig unter die Nase, auf dass er selbst weiterbacke. Ich hatte es ohnehin schon eilig. Es gab überhaupt keinen Grund, mir Vorwürfe zu machen, dass ich Teresa mit dieser Sache behelligte. Zum Glück hatte ich längst eingesehen, dass in diesem Leben nicht alles so laufen konnte, wie ich es wollte, und so verzichtete ich darauf, mich sinnlos zu ärgern.

Dennoch ging ich aus der emotionsgeladenen Diskussion etwas ramponiert hervor. Das passierte mir immer wieder. Ich bin nun mal besessen vom Widerstand gegen falsche Gedankengänge. Und Besessenheit ist immer schlecht. Egal ob man recht hat oder nicht.

Nach 21 Uhr war das mit Lichterketten geschmückte Schiff von unserer Terrasse aus zu sehen. Bald würde Anja wieder Empfang haben. Noch bevor ich mich auf den Weg zum nahe gelegenen Hafen machte, rief sie mich an.

»Hallo … ich hatte bis jetzt keinen Empfang.«

»Ich weiß. Wie geht es dir? Was ist los?«

»Ich habe Wehen, sie kommen schon ziemlich regelmäßig …«

»Okay. Pass auf, ich komme zur Treppe. Wir sehen uns in fünfzehn Minuten.«

Von der Ferne sah ich, wie die Fähre anlegte und kurz darauf die Stahltreppe zur Luke gerollt wurde. Um diese Zeit war im Hafengelände nichts mehr los, und man konnte normalerweise mit dem Privatwagen bis ganz knapp vor das Schiff fahren. An diesem Abend allerdings nicht. Ein Lkw mit Anhänger rangierte umständlich und blockierte die Zufahrt zu den Parkplätzen am Kai. Ich hatte aber freie Sicht auf die über mehrere Stockwerke nach oben führende Treppe. Immer mehr Leute quollen aus dem Schiffsbauch und stiegen die leicht schwankende Stahltreppe hinab. Schnell entdeckte ich ein Paar mit Rucksäcken, das sich besonders langsam und vorsichtig bewegte. Auf halber Höhe blieben sie stehen, die Frau leicht gekrümmt, während andere Passagiere sich an ihnen vorbeischoben. Endlich konnte ich den Wagen in der Nähe der Treppe parken. Ich hastete über den Vorplatz, den der helle Mond blank putzte. Anja stand am Fuße der Treppe und hielt sich an Harry fest. Der junge Mann lachte, als er mich entdeckte.

»Geht's?«, fragte ich und schloss beide in die Arme.

Harry nickte. Sein dreieckiges Gesicht lief spitz in einem kleinen bartlosen Kinn aus. Er hatte lustiges, stark gelocktes Haar und jede Menge Sommersprossen. Die sich an ihn klammernde Frau war heller, fast weißblond und ebenfalls zierlich gebaut. Sie trug nur ein dünnes Sommerkleidchen und fror in der kühlen Brise am Hafen.

Nach Abklingen der Wehe steuerten wir meinen Wagen an. Im dunklen Fond streifte ich mir einen Handschuh über und untersuchte Anja. Wie ich bereits vermutet hatte, waren das keine Vorwehen mehr, sondern bereits ordentliche Geburtswehen.

»Also, alles bestens«, verkündete ich, nachdem ich mit dem Sonicaid auch noch die Herztöne abgehört hatte. Nur der Bauch schien mir etwas klein. Gut, es war schon einiges an Fruchtwasser abgegangen, dennoch unternahm ich den neuerlichen Versuch, Anja mit der Idee anzufreunden, doch ins Spital zu gehen.

»Auf keinen Fall!«, protestierte sie energisch.

»Okay, wir werden es schon bis auf die andere Seite schaffen, aber wir haben nicht viel Zeit. Fahren wir los!«

Ich schaltete die Freisprechanlage ein und rief Teresa an, um ihr den neuesten Stand zu berichten und sie zu bitten, schon mal das Appartement aufzusperren und Handtücher im Backrohr vorzuwärmen. Es gab kaum Verkehr, der ist auf der verschlafenen Insel bis heute kein Problem, aber wer La Palma kennt, weiß, dass die einzige über einen Kilometer lange Gerade die Strecke zwischen der Hauptstadt Santa Cruz und dem Flughafen ist. Andere behaupten, es gebe noch eine zweite Gerade und zwar die stillgelegte Landepiste des alten Flughafens. Ich bezweifle allerdings, dass diese nun von jugendlichen Skateboardern und Radfahrern vereinnahmte Asphaltpiste mehr als einen Kilometer lang ist.

Wie zu befürchten war, setzte die kurvige Straße Anja ziemlich zu. Ich konnte gut nachvollziehen, wie es ihr unter den Wehen ging, da ich meinen Sohn beinahe auf der kurvigen Straße

zu meiner Hebamme im Auto geboren hätte und mit Presswehen am Ziel angekommen war.

Zwei Drittel der Strecke hatten wir hinter uns, als Anja so
übel wurde, dass ich anhalten musste. Die Kurven auf diesem
Abschnitt waren haarnadelscharf, und ich war natürlich viel zu
schnell unterwegs. Ich wusste aber auch, dass eine größere Mut-
termundsdehnung für die Übelkeit verantwortlich sein konnte.

Anja erbrach sich am Straßenrand. Zwischen wiederholtem
Brechreiz kamen die Wehen in kurzen Abständen, bis es sie nur
noch schüttelte. Mir tat das Häufchen Elend schrecklich leid.
Dieses Jammerbild komplettierte der völlig hilflos danebens-
stehende Krauskopf. Ich reichte Anja abwechselnd Küchenrolle
und Feuchttücher. Als sie nur noch Galle spuckte, drängte ich
zur Eile. Pressdrang hatte sie noch keinen, aber der würde nicht
mehr lange auf sich warten lassen. Mein weiterer Fahrstil war
gewiss höchst selstsam, aber um diese Zeit war ohnehin niemand unterwegs.

Bei Einsetzen der Presswehen erreichten wir Teresas Finca. Ich
hupte. Tere und ich waren ein eingespieltes Team. Wie oft kamen während unserer Nachtdienste Frauen aus den entlegensten Winkeln in letzter Sekunde in den Kreißsaal! Sie von ihrer
Kleidung zu befreien und ihnen ein Hemd überzustreifen, war
eine Sache von Sekunden.

Nachdem sie ein paar Schluck Wasser getrunken hatte, hockte
Anja sich auf die vorbereitete Matratze auf dem Boden. Harry
stützte sie von hinten. Sie schob und presste während mehrerer
Wehen, ganz in ihrem Rhythmus, wobei sie sich immer wieder
in den Hüften wiegte. Tere klopfte, und ich öffnete ihr die Tür.
In diesem Moment schob sich das kahle Köpfchen zwischen
den Schamlippen hindurch, und mit einem Schwung folgte der
rosige Körper.

Teresa umhüllte den kleinen Erdenbürger mit einem weichen, warmen Tuch. »*Madre mía,* ist der winzig!«, entfuhr es ihr. »Gott, keine zwei Kilo, hm?« Also stimmte der viel zu frühe Geburtstermin. Als ich den Kleinen etwas später unter einem warmen Tuch untersuchte, stellte ich deutliche Zeichen von Frühgeburtlichkeit fest. Die Waage zeigte knapp zwei Kilogramm. Der kleine Mann war aber so vital, dass ich von einem Transfer ins Spital absah und mich entschloss abzuwarten.

Ich verbrachte die Nacht bei Teresa und wechselte mich mit ihr ab, den Kleinen zu beobachten. Er lag zwar auf Anjas Brust, aber die junge Mutter war viel zu erschöpft, um ihr die Verantwortung zu überlassen. Außerdem schwebten sie und ihr Freund immer noch auf Wolke sieben und waren der Meinung, dass alles zum Besten stand.

Mit der Atmung hatte der kleine Kerl, den sie Andy nannten, nicht die geringsten Schwierigkeiten. Seine Haut war rosig und warm. Ein nicht unwesentliches Problem war in der Folge jedoch die Ernährung. Er saugte zwar immer wieder kurz an Anjas Brust, ermüdete aber schnell. Meiner Einschätzung nach würde er bald zu dehydrieren beginnen. Als ich Anja half, das Kind richtig anzulegen, stellte ich fest, dass sich die Vormilch schon gut aus ihrer Brust drücken ließ. Auf der Insel gab es keine Milchpumpen, ich konnte mir den Versuch, die nächstgelegenen Apotheken deswegen anzurufen, also sparen. Ich behalf mich während der Nacht damit, das Kolostrum auszustreifen und es dem Kleinen mittels Spritze und Fingerfeeding zu verabreichen, was ganz gut gelang. Bevor ich in der Früh nach Hause fuhr, schärfte ich den beiden ein, das Kind in kurzen Abständen auf diese Weise zu füttern. Teresa bat ich, ein strenges Auge auf die beiden zu haben, bis ich am übernächsten Tag nach meinem Dienst wiederkäme.

Ich selbst konnte mit den jungen Eltern nicht kommunizieren, da die beiden in der Hektik des Aufbruchs ihre Handyladegeräte vergessen hatten. Überhaupt befand sich in den Rucksäcken nicht viel, das sie brauchen konnten. Teresa versorgte sie mit Windeln, Babywäsche, Binden und vielem mehr. Aber auch sie musste zum Dienst, und ich konnte nur hoffen, dass Anja endlich die rosarote Brille ablegte und nicht alles nur süß und cool fand.

Voller Sorge und bestückt mit Waage und meiner eigenen Milchpumpe fuhr ich am übernächsten Tag wieder zu Teresas Finca. Ich fand die kleine Familie schlafend vor, auf allen drei Gesichtern lag ein seliges Lächeln. Teresas Mutter hatte am Vortag die bessere Idee gehabt. Als sie mich hatte kommen hören, war sie wieselflink hinter mir ins Appartement geschlurft. Triumphierend hielt sie mir ein winziges Fläschchen mit einem Latexsauger unter die Nase, das mich unversehens an die mit bunten Zuckerperlen gefüllten Puppenfläschchen meiner Kindheit erinnerte. Es war das Fläschchen, mit dem sie gewöhnlich ihre Katzenjungen aufzog. Sie hatte es schonend ausgekocht und damit Anjas ausgestrichene Milch alle zwei Stunden verabreicht.

Einmal noch fuhr ich auf die andere Seite und konnte mich erfreut davon überzeugen, dass Andy schon zunahm. Am Abend saßen wir gemeinsam auf der kleinen Terrasse vor dem Appartement, tief unter uns das Meer, und betrachteten den Sonnenuntergang. Die Nacht brach in diesen Breiten sehr rasch herein. Dann brannte das Meer am Himmelssaum für kurze Zeit in einem leuchtenden Rot, das in der Höhe schnell verblasste, in zartes Blau überging und sich schließlich in Violett verwandelte. Bevor der noch angenehme milde Abendwind richtig kalt wurde, schickte ich Anja mit Andy hinein und verabschiedete mich.

Teresa servierte mir noch einen *cortado,* einen starken kleinen Kaffee mit einem Schuss Milch. Dabei rückte sie mit der Bitte heraus, mir doch mal ihren Mann anzusehen. »Schaut nach einem bösen Bandscheibenvorfall aus. Ich glaube, Donato geht es nicht so besonders.«

Mit anderen Worten: Der Arme lag völlig hilflos im Bett und konnte sich nicht rühren. Da ich das Problem aus eigener Erfahrung bestens kannte, wusste ich sofort Rat.

»Homöopathie? *Qué va!*«, schnaufte Donato auf meinen Vorschlag hin. Teresa grinste nur.

»Nein, ehrlich, das wirkt. Arnica zum Beispiel gibt man bei jeder Blutung oder Verletzung. Oder Echinacea, das stimuliert das Immunsystem.«

»*Claro,* das tut es bestimmt. Du könntest ebenso gut Dreck essen. Alles stimuliert das Immunsystem, was irgendwie seltsam ist.«

Ich wusste, dass ich aus dem Mittfünfziger in dieser Nacht keinen Homöopathiejünger machen würde. Aber es war noch immer so: Wer heilt, hat recht. Ein paar Tage später sollte das in hoher Potenz verabreichte Hypericum, das er Teresa zuliebe genommen hatte, seine Wirkung tun. Donato hüpfte wie ein junger Gott durch den Bananenhain. Fortan verehrte er mich geradezu und noch mehr die wundersame Homöopathie …

Nach Donatos »Behandlung« trat ich mit Tere ins Freie. Wir lachten über die männliche Sturheit und verabschiedeten uns voneinander. Bevor ich ins Auto stieg, blickte ich nach oben und betrachtete fasziniert das Firmament. Der Sternenhimmel war klar und tief, der Mond fast voll. Mein Blick schweifte über das dunkle Meer, das dort, wo sich der Mond spiegelte, silbern glitzerte. Die See lag ganz ruhig, und in der Ferne waren die finsteren Umrisse der Westküste nach Norden zu verfolgen.

Eine Woche später verließ die junge Familie Teresas Finca. Ich traf sie das letzte Mal am Hafen, bevor sie sich wieder nach Gomera einschifften. Es schien mir, als ob das tief gehende Erlebnis die beiden Abenteurer hatte reifen lassen. Zumindest Harry erweckte nicht mehr den Eindruck, als schwebe er auf Wolke sieben. Rührend sorgte er sich um Wasser und Jause für die Überfahrt und schleppte die Tasche mit all den Babykleidern und Spielzeug, mit dem sie beschenkt worden waren.

Ich sah den dreien nach, bis sie am Ende der Stahltreppe angekommen waren. Bevor sie durch die Luke verschwanden, wandten sie sich noch einmal um, und wir winkten uns zu. Ich hatte schon viele ähnliche Abschiede erlebt. Es war wie in alten Hollywoodfilmen. Wir wussten, wir würden uns nicht wieder sehen.

Ein kleiner, aber feiner Unterschied
Eine Namensverwechslung sorgt für Stress

Ich hatte es eilig. Wirklich eilig. Leider vermisse ich gerade dann immer irgendetwas Wesentliches, ohne das ich unmöglich losfahren kann. Wie Brille oder Autoschlüssel zum Beispiel. An diesem Tag war es die Brille. Grübelnd, ob ich die Gläser im Wohnzimmer, Küche oder Vorzimmer abgelegt hatte, hastete ich zurück. Die Brille meinte es gut mit mir, sie lag gleich im Vorzimmer auf Omas wurmstichigem Nähtischchen. Biedermeier. Aber das war den Holzwürmern auch egal.

Ins Auto zu hüpfen, es langsam die Einfahrt hinabrollen zu lassen und gleichzeitig die Freisprechanlage einzurichten, war eins. Der Grazer Frühverkehr war etwas anderes. Nur mühsam kämpfte ich mich quer durch die Innenstadt Richtung Graz-West.

»Raidl, hallo. Bitte komm!«, hatte es kurz vor sieben Uhr morgens undeutlich in mein Handy gestöhnt.

»Wer?«, hatte ich schlaftrunken nachgehakt.

Auf das gehauchte »Gabi!« hin war ich hellwach. »Okay, alles klar, mach mich nur schnell fertig.«

Zwanzig Minuten später quälte ich mich durch den Stau am Landeskrankenhaus vorbei.

Vor dem Hauptbahnhof läutete das Handy erneut. Ich hatte es ohnehin mit Argusaugen im Blick.

»Ja?«

»Gabriele hier, hallo. Ich hab alle fünf Minuten Wehen, sie sind schon ziemlich schmerzhaft.«

»Ich bin schon auf dem Weg zu dir. Bis gleich.« Gabriele war Erstgebärende, und ich hatte es nicht mehr weit zu ihrer Siedlung. Das würde ich locker schaffen.

Zehn Minuten später meckerte das Handy erneut. Ich steckte hoffnungslos im Stau fest und sah keine Möglichkeit, schneller vorwärtszukommen.

»Ja?« Das Stöhnen am anderen Ende hörte sich mit einem Mal ziemlich schlimm an. Schlagartig war ich nicht mehr entspannt. Ich muss zugeben, das verursachte mir etwas Stress.

»Wo bleibst du denn? Ich kann nicht mehr!«

»Ich bin schon in der Nähe, aber die Eggenberger Allee ist ziemlich gestaut …«

»Waaaas? Wo bist du? … Ich wohne in Waltendorf!«

Ach du meine Güte! Das jetzt war Gabi Kreidel. Nicht Gabriele Raidl. Die wohnte in Eggenberg. »Verflixte Sch…!«, fluchte ich. Ein Anflug von Panik zuckte mir durch die Magengegend. Sekundenkurz. Dieses eisige Gefühl im Nacken, bevor einem der kalte Schweiß ausbricht.

Es folgte ein ziemlich riskantes Wendemanöver über eine doppelte Sperrlinie und Straßenbahnschienen, dann ging es schnurstracks Richtung Süden. Gabi war Zweitgebärende, und ich wusste, nach der raschen ersten Geburt würde es beim zweiten Kind noch schneller gehen. An der nächsten roten Ampel sah ich mir die Telefonnummern der letzten Anrufe an. Es bestand kein Zweifel mehr. Der zweite Anruf war von Gabriele aus Eggenberg gekommen. Die kleine pummelige Erstgebärende hatte also auch Wehen.

Bei der nächsten roten Ampel entschied ich, mit Gabrieles Mutter zu sprechen. Sie war aus Berlin angereist und wohnte schon seit zwei Wochen bei ihrer schwangeren Tochter. Ich wählte Gabrieles Nummer und bat ihre Mutter ans Telefon.

»Also, die Sache ist die«, begann ich wenig diplomatisch, aber das war mir im Augenblick gleichgültig. Ich stellte sie vor die Wahl, entweder zu Hause noch etwas abzuwarten und mich auf dem Laufenden zu halten oder gleich ins Spital zu fahren. Das wollte die Mutter jedoch keinesfalls, und so versicherte sie mir, ihre Tochter noch eine Zeit lang bei Laune zu halten.

»Es geht nicht darum, Frau Raidl, Ihre Tochter bei Laune zu halten«, wehrte ich die übereifrigen Beteuerungen einer Frau ab, die an den Ärzten und somit am Spitalswesen ständig und unter allen Umständen etwas auszusetzen hatte. »Wenn Sie das Gefühl haben, dass die Geburt flott weitergeht, rufen Sie bitte die Rettung!«

»Mach ich. Aber ich sag Ihnen etwas, Frau Walch: Die Gabriele hat noch gar keene ordentlichen Wehen. Die sind mir noch zu kurz. Keene halbe Minute dauern die.«

Das war zumindest ein brauchbarer Hinweis, auf den hin ich mich beruhigt dem Verkehr hätte widmen können. Tatsächlich saß ich wie auf Nadeln, denn in Waltendorf stand Gabi vor den Presswehen.

Ich bin ja selten pünktlich. Da kommt mir der Dingsda oder die Soundso unterwegs dazwischen, und schon ist es passiert. Doch zu einer Geburt komme ich normalerweise nie zu spät, jedenfalls nicht aus eigener Säumigkeit.

Auf dem Weg nach Waltendorf herrschte nicht weniger Verkehr, denn ausgerechnet an diesem Tag musste die Messe eröffnet werden. Fluchend wählte ich einen Umweg über eine Anrainerstraße. Das ging allerdings auch nicht schneller, obwohl ich mich nicht an die 30-km/h-Verordnung hielt. Na fein!, tobte ich, mit meinem Glück erwischte mich ganz sicher irgendwo ein Radar. Diese fiesen Fallen schnappen bestimmt auch dann zu, wenn meine Eile wirklich berechtigt ist. Irgendwann stand ich endlich vor der Hausnummer sieben. Die Steinstufen nahm ich im Laufschritt. Alle Türen waren offen, und so stürmte ich mit meinem Koffer bis ins Wohnzimmer von Gabi Kreidel. Ich hatte nicht einmal mehr Zeit, mir einen Handschuh überzuziehen. Gabi kniete auf ihrem schönen himmelblauen Chinateppich zwischen den neuen weißen Polstermöbeln. Aus ihrer Scheide wölbte sich das Hinterhaupt des Kindes. Hechelnd war sie sichtlich bemüht, das Kind immer noch zurückzuhalten. Als sie mich nahe genug wusste, drückte sie an. Langsam glitt das Kind in meine Arme. Mehr war nicht zu tun. Ich reichte ihr den Jungen, und Gabi drückte ihn an ihre Brust, während sie langsam auf den Boden sank. Nun war der Teppich nicht mehr zu retten. Fruchtwasser, Blut und ein Patzen Kindspech, der dem Neugeborenen folgte, würden auf dem Hochflorunikat unvergessliche Spuren hinterlassen.

»Mein Gott, Gabi!«, rief ich, immer noch außer Atem. »Das war knapp.« Ich kippte die Ränder des Teppichs hoch, damit die brisante Mischung nicht Richtung Sitzgarnitur auslief.

»Wo warst du denn so lange?« Ihr Blick war sanft auf ihren Sohn gerichtet, doch in ihrer Stimme lag ein Hauch von Vorwurf.

Zu Recht, dachte ich und stieß einen Seufzer aus. Offensichtlich hatte sie meine Erwähnung der Eggenberger Allee vergessen. Dennoch erzählte ich ihr von meiner Verwechslung. »Dabei sind das Norddeutsche …«

»Piefke.« Gabi nickte.

Ich lachte. »Bekanntlich unterscheiden sich Österreicher und Deutsche ja nur durch die gemeinsame Sprache.« In diesem Fall hat mir die Aussprache aber nicht geholfen. Ich bat sie in aller Form um Entschuldigung.

Gabi verzieh mir zärtlich lächelnd, aber wir wussten, es hätte auch anders ausgehen können. Es war der Tag, an dem ich beschloss, alle meine angemeldeten Frauen in meinem Handy zu speichern. Bisher hatte ich sie als Durchlaufposten gesehen, die nach einer bestimmten Zeit mit bloß sporadischem Kontakt nur noch unnötig Speicherplätze belegten.

Nachdem der Teppich erwiesenermaßen hinüber war, versuchte ich, wenigstens die neue weiße Garnitur zu retten, auf die Gabi so stolz war. Wir hatten bei unseren Geburtsvorbereitungen anlässlich meiner Hausbesuche darüber gesprochen, die Sitzmöbel in eine Ecke des Wohnzimmers zu schieben und anstatt des chinesischen Teppichs eine alte Matratze auf den Boden zu legen. Jetzt schob ich die beiden Sofas so weit auseinander, dass sie auch bei der Geburt der Plazenta kein Blutspritzer erreichen konnte. Wenig später war die Plazenta da, und ich begutachtete sie gerade, als mein Handy sich rührte. Ich hatte es in der Hektik in meiner Tasche vergessen, und es war ein Glück, dass ich es neben dem greinenden Kind überhaupt hörte.

»Ich glaube, Sie müssen jetzt kommen, Frau Walch.«

»Raidl, oder?«, flüsterte Gabi.

»Ja, eindeutig«, flüsterte ich zurück. In den Hörer sagte ich: »Gut, Frau Raidl. Ich komme, aber es wird zwanzig bis dreißig Minuten dauern. Schaffen Sie das? Sonst rufen Sie besser die Rettung.«

»Ne, ne, das kriegen wir schon hin. Wir sind Preußen, Frau Walch!«

Gott!, stöhnte ich, heute bleibt mir wohl nichts erspart. Meine Schwiegermutter ist ebenfalls Preußin, wenn auch nur der Gesinnung nach, aber das sind ja ohnehin die gefährlicheren.

»Gut so, bis bald, Frau Raidl.«

»Wie weit ist sie denn schon?«, fragte Gabi, als ich sie im Eiltempo reinigte.

»Keine Ahnung. Ich war ja noch nicht dort.«

»Alle Achtung! Dich bringt wohl gar nichts aus der Ruhe, hm?« Gabi sah mich entgeistert an.

»Doch. Eben das. Wenn ich bei einer Geburt bin und eine andere Frau meldet, dass es auch bei ihr ernst wird. Das macht mir wirklich Stress.« Ich wickelte das Kind in ein weiches Handtuch und richtete mich langsam, den Rücken durchstreckend, auf. »Aber jetzt hab ich keinen Stress. Jetzt bleibt nur noch sie. Und da fahr ich jetzt hin. Bitte organisier dir für hier Verstärkung.« Ich suchte im Bad nach Binden und Netzhöschen. »Das andere Kind kommt nicht so schnell«, rief ich über die Schulter, dann fand ich das Gesuchte. »Sonst wäre es eh schon da. Es ist ein ziemlich großes Kind, und ich hab Gabriele im Hintergrund stöhnen gehört. Glaub mir, daran kann ich ziemlich gut abschätzen, wie weit die Frau ist …«

»… wenn es denn die richtige Frau ist.«

Wir sahen uns an und lachten. »Du sagst es. Also, quer durch die Stadt zu radeln schafft man da jederzeit.« Ich half Gabi noch in die frische Wäsche zu schlüpfen, dann schnappte ich Koffer und Handtasche.

»Na dann, alles Gute.«

»Ich schaue nachher natürlich gleich vorbei, dann wiegen und messen wir deinen Lukas. Wen hast du in der Zwischenzeit als Hilfe?« Ich wusste, dass Gabis Mann im Außendienst unterwegs war.

»Meine Schwester wird in ein paar Minuten hier sein. Mach dir keine Sorgen.«

Gabi war weder zu nähen, noch war ihr das Anlegen des Neugeborenen zu zeigen. Das ermöglichte mir einen raschen Aufbruch. Blieb die Blutungskontrolle. Eigentlich sollte ich bis zum Eintreffen der Schwester warten. Doch die Gebärmutter war gut kontrahiert und die Blutung gering. Da läutete es, und vor der Tür stand unverkennbar Gabis Schwester. Ich machte sie auf die Beobachtung der Nachblutung aufmerksam, und auch das Ertasten der Gebärmutter war schnell gezeigt. Erleichtert machte ich mich auf den Weg. Vierzig Minuten nach dem Anruf der Deutschen stieg ich in Eggenberg aus dem Wagen.

An der Tür empfing mich die Mutter mit verschwörerischem Blick. Hinter ihr trottete der zukünftige Schwiegersohn ins Vorzimmer. Er begrüßte mich mit einerseits ratlosem, andererseits leicht verärgertem Gesicht. Im Hintergrund soulige Musik.

»Hallo!«, grüßte ich. »Wir kennen uns ja schon, nicht wahr?«

Draußen herbstelte es wild, aber in der Wohnung war es sommerlich warm. Zu warm. Der etwas unbeholfen wirkende junge Mann, ein Kroate aus zweiter Generation, trug dementsprechend nur Unterhemd und Shorts und im Übrigen seinen gepflegten Body zur Schau. Ich maß den gepiercten Mittzwanziger mit einem kurzen Blick. Mehr war auch nicht nötig. Das Tolle an McFits ist, dass sie sich nicht tarnen. Ich habe bestimmt kein Haar an ihm übersehen. Biologisch gesehen ist das Sprießen der Körperbehaarung ein sekundäres Geschlechtsmerkmal, also ein Zeichen des Erwachsenwerdens und -seins. Im zunehmend fanatischen Epilationstrend, las ich erst vor Kurzem, sehen Kulturpessimisten ein Warnsignal für die gesellschaftliche Infantilisierung. Bis zu diesem Besuch hatte ich das für übertrieben gehalten.

Ich streifte die Schuhe ab und wandte mich in die Richtung, aus der ich heftiges Stöhnen vernahm, das mit dem Geräuschpegel der Musik im Hintergrund konkurrierte. Gabriele lag im Nachthemd mit wirrem Haar auf der Wohnzimmercouch, gegenüber rappten schwarze Stammesbrüder über den Flatscreen. MTV, was sonst. In ihrem Blick las ich völlige Verzweiflung.

»Hallo, Gabi, wie ich sehe, kämpfst du ja schon tapfer!« Ich stellte Koffer und Tasche ab. »Ich schau gleich mal nach, okay?«

Im Anzug der nächsten Wehe raufte sich Gabi die Haare. Ihr Stöhnen wurde lauter, sie biss sich in den Handrücken und jammerte, bis die Wehe wieder abklang.

»Das ist die Hölle, Ursula!« Sie strich sich die rotlila Haare zurück. Während ich mir den Handschuh überstreifte, legte sie sich auf den Rücken. »Ich kann nicht mehr, hörst du?«

Die Form des Bauches gefiel mir nicht. »Unfug, Gabi!«, beteuerte ich jedoch in der ehrlichen Hoffnung, ein Untersuchungsergebnis vorzufinden, das meinen Optimismus nur im Entferntesten rechtfertigte. Leider war dem nicht so. Der Kopf hatte noch keinen Bezug zum Becken aufgenommen. Das auch von mir als groß eingestufte Kind war also noch nicht tiefer getreten. Ich wartete eine Wehe ab und tastete während dieser erneut. Der Kopf kam eindeutig tiefer, war außerhalb der Wehe aber wieder frei beweglich. Da ich bei dem erst zwei Finger weit geöffneten Muttermund nicht auch noch die Blase sprengen wollte, verzichtete ich auf eine genaue Eruierung der Lage des kindlichen Schädels.

»Hör mal, Gabi«, begann ich vorsichtig, während ich mir den Handschuh abstreifte, »dein kleiner Champion fühlt sich da drinnen pudelwohl …«

»Ja, aber ich mich nicht mehr!«, fuhr Gabriele mir dazwischen.

»Ich will damit sagen, dass sich der kleine Mann noch nicht auf den Weg gemacht hat.« Süffisant fügte ich hinzu: »Vermutlich ist es ihm da draußen zu laut.« Ich nickte zum Flatscreen. Schlanke Massai-Krieger plärrten in nicht sichtbare Mikrofone und verrenkten sich beim Stammestanz die Glieder. In meinen Rücken bohrte sich Frau Raidls Blick, ich konnte ihn förmlich spüren. Ich wandte mich um. Kleine Rattenaugen über der spitzen Nase schauten mich vorwurfsvoll an. Na, tun Sie doch was!, stand darin zu lesen. In diesen Situationen wünschte ich alle Mütter aus den Kreißzimmern ihrer Töchter hinaus. Vor allem die preußischen. »Das kann noch dauern, Gabi«, bekräftigte ich.

»Auf keinen Fall!«, rief Gabi, »nicht mit mir. Ich mach da nicht mehr mit!«

»Jetzt werde ich erst mal die Herztöne abhören«, erklärte ich ruhig, »und dann entscheiden wir, wie wir weiter vorgehen, okay?« Ich bückte mich zu meinem Koffer, während der junge Mann den Ton abdrehte, und angelte das Sonicaid heraus. Langsam strich ich Gel aus der Tube auf den Ultraschallkopf, um die nächste Wehe abzuwarten. Bis diese anrollte, herrschte eisiges Schweigen im Raum. Die Herztöne waren in Ordnung, ich zeigte allen ringsum das Display, obwohl sie mit der gut sichtbaren Frequenz ohnehin nicht viel anfangen konnten. Am wenigsten schien sie die werdende Mutter zu interessieren. Das pummelige Mädchen durchlebte offensichtlich eine frühkindliche Trotzreaktion und erging sich in Selbstmitleid. Vermutlich war es dieses trotzige Verhalten, das die Autorität der Mutter wieder auf den Plan rief.

Entschlossenen Schrittes kam Frau Raidl um den wuchtigen Couchtisch aus lebhaft gemaserter Teakholznachbildung. »Da musst du jetzt durch, Kindchen.«

»Ich muss gar nichts!«, stieß Gabi zwischen den Zähnen hervor.

Ein Machtkampf entspann sich, ich hätte wetten können, wie er ausgehen würde. Vorerst zumindest. Die Preußin zuckte ungerührt die Achseln. »Nee, so einfach geht's nicht«, ihre

Stimme wurde schneidend. »Das hättest du dir vorher überlegen sollen.«

Ich konnte diese Bemerkungen schon lange nicht mehr hören. Auch dem körperbewussten Shortträger schien sie nicht zu gefallen. Er blickte drein, als wäre er versucht, nun der Mutter die Schuld an Gabis Schmerzen zu geben, nahm aber einem sicheren Instinkt zufolge Abstand davon.

Ich sah Gabriele offen an. »Pass auf, Gabi, du hast jetzt zwei Möglichkeiten …« Eine Wehe unterbrach meine guten Ratschläge. »Entweder«, setzte ich nach einer Minute erneut an, »packst du jetzt auf der Stelle zusammen und fährst ins Spital und vergisst die Hausgeburt – oder wir vereinbaren einen zeitlichen Rahmen von«, ich sah auf die Uhr, »sagen wir zwei Stunden, das wäre also dann bis um halb zwölf. Um halb zwölf Uhr schaue ich nochmals nach. Gibt es einen Fortschritt, machen wir weiter. Ist die Situation unverändert, entscheiden wir, was wir machen werden.«

»Was sollen wir dann noch entscheiden?«, drängte der werdende Vater, nun wieder ganz um seine Autorität besorgt.

»In zwei Stunden«, beruhigte ich ihn, »kann alles ganz anders aussehen.«

»Ja, noch schlimmer«, jammerte Gabi und wischte sich eine Träne von der Wange.

»Die Entscheidung liegt bei dir. Wir können auch sofort abbrechen.«

»Und die Chancen, Frau Walch?« Das kam von Frau Raidl.

»Hm …« Bedächtig wischte ich das Gel vom Schallkopf des Fetal-Dopplers. »Die stehen für eine Vaginalgeburt zu Hause eindeutig höher. Aber garantieren kann ich gar nichts.« Ich sah auf. »Eines ist allerdings klar: Du musst runter von der Couch und brauchst Bewegung, Bewegung, Bewegung. Einmal um den Häuserblock und die Stiegen rauf und runter. Nimm am besten immer zwei Stufen auf einmal.« Ich hätte auch vorschlagen können: hinlegen, entspannen, eine Runde schlafen oder meditieren. Doch das wäre erstens aufgrund der Tageszeit und zweitens bei der Geräuschkulisse von vornherein zum Scheitern verurteilt gewesen und vor allem bei dem ungeduldigen Jungspund nicht gut angekommen. Diese Leute erwarten Maßnahmen, Action, Lösungen.

Gabis Augen wurden groß und rund wie Haselnüsse.

Aus den Augenwinkeln beobachtete ich die preußische Physiognomie und konnte eine gewisse Genugtuung in den Zügen der Mutter nicht übersehen. Schon griff sie schonungslos nach dem Nachthemd der Tochter.

»Also, Gabi?« Ich rührte mich nicht von der Stelle.

»Der Kleene hat es verdient, Kindchen. Jetzt komm und zier dich nicht so!«

»Ziiiieren?« Gabi stand kurz vor einem hysterischen Anfall. Zum Glück rollte die nächste Wehe an und ließ sie verstummen.

»Ja, zieren!«, schnaufte Frau Raidl und verschwand im Schlafzimmer.

Ich ließ es dabei bewenden und sah der Mutter zu, wie sie ihrer Tochter zwischen den Wehen beim Ankleiden half. Schließlich stand die pummelige Gabi im Jogginganzug und mit Stirnband an der Tür und veratmete eine Wehe. Ich nickte ihr aufmunternd zu, und Frau Raidl schob das junge Paar sanft in den Gang hinaus.

»Jetzt mach ich Ihnen einen starken Kaffee, Frau Walch.«

»Das ist eine gute Idee, Frau Raidl, danke.« Seit meiner Ankunft in der Wohnung war mir in jedem Moment bewusst, wie ich mein Frühstück vermisste. Zum Kaffee gab es Milchbrötchen und Small Talk. Ich war froh, dass ich mein Notebook mitgenommen hatte, denn mir graut immer vor belanglosem Geschwätz, Zeittotschlagen mit inhaltsleerem Gerede ohne Aussicht auf irgendeinen interessanten Input. Und Vorträge halte ich nur noch meinen Kindern oder wirklich interessierten Menschen. Zum Glück fand auch Frau Raidl eine sinnvolle Beschäftigung, indem sie wie für eine Großfamilie zu kochen begann. Vermutlich würden die Jungen noch an dem Ratatouille essen, wenn die Mutter längst schon wieder abgereist war.

Ich checkte gerade meine E-Mails, als Gabi stöhnend zur Tür hereinkam. Ich sah auf die Uhr. Seit ihrem Aufbruch war erst eine knappe Stunde vergangen. Unglücklich schüttelte ich den Kopf.

»So eine Scheiße!«, entfuhr es Gabi, und sie wandte sich zornig um. Instinktiv wollte sie wohl meinen gebetsmühlenartigen Vertröstungen und dem Trommelfeuer an Kommentaren ihrer Mutter entfliehen, die bereits Luft holte.

»Warte, ich höre noch die Herztöne ab, bevor du dich wieder auf den Weg machst.« Ich verkniff mir ein Lächeln und holte den Fetal-Doppler. Die Herztöne waren unauffällig.

»Ist alles in Ordnung?«, erkundigte sich der werdende Vater. Ich nickte.

»Shit. Bullshit!«, stöhnte er.

»Jetzt läufst du noch mal so tüchtig, und dann schaue ich nach, okay?«

»Himmel, Ursula, geht das immer so schwer?«

»Nein, immer nicht«, gestand ich, »aber frag mich nicht, warum das so ist.« In Wahrheit konnte das wohl niemand beantworten. So einfach war die Sache nämlich nicht, wie es all die selbst ernannten Gurus auf dem Gebiet der Geburtshilfe predigten. Denn nur allein an der mentalen Einstellung lag es auch nicht. Selbst mit der besten Einstellung und den besten

Absichten brauchten manche Frauen ein bis zwei Tage, um ihr erstes Kind zu gebären, während es andere, sorglosere, in ein paar Stunden schafften. Die Welt war nicht gerecht. Aber mit den Jahren hatte ich es aufgegeben, darüber nachzugrübeln.

Schlauer waren da natürlich diejenigen, denen es gelang, aus der Hoffnung der Schwangeren auf geburtserleichternde Wirkung diverser prophylaktischer Maßnahmen Kapital zu schlagen. Aber auch das sah ich nach ein paar Tausend begleiteten Geburten eher gelassen.

Als Gabi das nächste Mal aufkreuzte, hatte ich alle Mails beantwortet und auch einige SMS verschickt. Nun ließ sie sich nicht mehr länger hinhalten. Erschöpft sank sie auf die Couch.

Zunächst hörte ich die Herztöne ab. Nachdem ich mich davon überzeugt hatte, dass es dem kleinen Burschen gut ging, griff ich zum sterilen Handschuh. »Verzeih mir, Gabi«, bat ich, »ich werde jetzt während der Wehe untersuchen. Nur so kann ich feststellen, was sich da drinnen genau tut.«

Leider hatte sich in der Zwischenzeit nicht das getan, was ich mit Treppensteigen und Rumlaufen bezweckt hatte. Der Kopf dachte nicht daran, ins kleine Becken zu rutschen. Dafür wölbte sich das Hinterhaupt immer spitzer nach unten und täuschte einen Tiefstand vor, den der Kopf nie und nimmer hatte. Aber ich ließ mich nicht täuschen. Gabis Stöhnen wurde lauter. An meiner Miene war wohl gleich abzulesen, dass ich nicht tastete, was ich vorzufinden gehofft hatte. Langsam zog ich meine Hand zurück.

»Verdammt, Ursula! Das hat alles nichts gebracht!«

»Tut mir leid«, seufzte ich. »Aber du hast es wenigstens versucht.«

»Ja, zwei Stunden lang die reinste Folter! So ein Scheiß! Alles umsonst ...«

»Unfug, Gabi …« Aber Gabriele war nun keinerlei logischen Argumenten mehr zugänglich. Ich würde ein anderes Mal mit ihr darüber reden. Jetzt sah ich zu, dass die beiden in die Klinik kamen.

Eine halbe Stunde später sah ich Gabriele wehmütig nach, wie sie von den Sanitätern zum Lift getragen wurde. Sie war nicht einmal mehr bereit, die wenigen Schritte bis zur Ambulanz zu gehen. Ich verabschiedete mich von Frau Raidl, die ich vermutlich nicht mehr wiedersehen würde, und packte meine Sachen.

Vor mich hin grübelnd machte ich mich auf den Weg nach Waltendorf. Eine Weile zuckelte ich hinter einem Einsatzfahrzeug her, ohne dass ich mir dessen bewusst wurde, bis ich schließlich die Geduld verlor und den Nervtöter überholte. Eine Geburt abzubrechen war für mich als Hausgeburtshebamme immer unbefriedigend. Machten sie im Krankenhaus einen Kaiserschnitt, warf mir die Frau oder ihre Familie vor, dass ich die geburtsunmögliche Situation oder gar die Gefahr für das Kind nicht früh genug erkannt hätte. Endete die Geburt im Krankenhaus als vaginale Entbindung, konnten die Hausgeburtsmütter mir vorwerfen, dass ich die erträumte Geburt in den eigenen vier Wänden zu früh abgebrochen oder sie zu wenig »animiert« hätte.

Im Laufe des Nachmittags erfuhr ich dann, dass bei Gabriele nach wenigen Stunden Abwartens unter Periduralanästhesie ein Kaiserschnitt gemacht worden war. Das Kind wog 4 200 Gramm. Gabriele Raidl würde wohl nie wieder eine Hausgeburt anstreben.

Bei Gabi Kreidel war alles in bester Ordnung. Mittlerweile war die ältere Tochter von der Schule nach Hause gekommen und bewunderte ihr winziges Brüderchen. Am frühen Nachmittag kam ich, nun wieder einigermaßen zufriedengestellt, nach Hause. Sofort stieg ich unter die Dusche. Ein verlockender Duft zog mich noch halb nackt in die Küche. Im ganzen Haus hing würziger Bratengeruch in der Luft. Ich tippte auf Bröselflieger, knuspriges Backhuhn, zwei Stunden im Rohr warm gehalten. Damit lag ich allerdings völlig daneben. In der Pfanne dann die armseligen Reste von köstlichen Putenstreifen auf geschmorten Zucchinischeiben. Zwei Löffel voll. Da hatte wieder typischerweise niemand an mich gedacht oder erst in allerletzter Sekunde ...

Gerade sehnte ich mich nach einem Schluck Bier, als sich mein Mann in Arbeitsmontur mit einer Flasche Märzenbier in der Hand an mich heranschlich. Kauend wandte ich mich halb um und streckte eine Hand nach der Flasche aus.

»Benebelt von gar böser Gier, zieht rein er sich ein Gösser Bier.«

Ich sah ihn verdutzt an.

»Bierschüttelreim.«

»Ah ja.«

»Die versteckten Hügelgräber fanden blaue Krügelheber.« Er rollte mit den Augen und klopfte mir auf den Po.

Ich wehrte ihn ab und schluckte den letzten Bissen Pute hinunter. »Frauen finden Männerschweiß nur an ihren fruchtbaren Tagen sexy.«

»Na großartig! Ihr habt ja nicht mal eine klare Brunftzeit!«

»Ganz genau«, grinste ich. »Das ist die praktische Konsequenz unserer Evolution, also der wahre Fortschritt in der ganzen Gendergeschichte: Ihr müsst euch den ganzen Monat anstrengen.«

»Ach, halb so schlimm ...« Seine sinnlichen Lippen verzogen sich zu einem breiten Grinsen.

»Hör mal, seriöse Forschungen belegen, dass man nach längstens vier Jahren nicht mehr automatisch glücklich ist, nur weil der andere zur Tür reinkommt.«

Peter stutzte und seufzte. »Und wahrlich, so ist es. Amen.« Er setzte die Bierflasche an und trollte sich.

Zwischen Chanel und Dior
Eine Parfümerie als Kreißsaal

In der Abflughalle die übliche Schlange. Man mäandert durch kilometerlange Absperrungen, die umso gewundener werden, je weiter südlich sich das Reiseziel befindet. Am Ende des Labyrinths aus rot-weißen Bändern und verchromten Ständern dann zehn Schalter, von denen einer besetzt war. Der mit Sicherheitsglas, vermutete ich. Auch hier war das Nord-Süd-Gefälle sichtbar, sie haben einfach weniger von allem, mit Ausnahme des Humors. Davon brauchen sie auch eine ganze Menge, sonst wäre der Job hinter dem Schalter lebensgefährlich. Aber die Leute sahen nicht aus, als würden sie handgreiflich werden, man war schließlich dankbar, dass überhaupt einer dasaß.

Aber schon mitten in Europa, jedenfalls mitten in Spanien, das nach achthundert Jahren währender Reconquista schon eine Zeit lang zu Europa zählt, fängt die Geduldsprobe an. Und das setzt sich in Lateinamerika fort, wo spanische Arroganz auf indigenes Phlegma traf, was sich nicht nur auf den Fortschritt hemmend auswirkte, sondern auf jeglichen Austausch.

Jedenfalls bietet der Madrider Flughafen die perfekte Gelegenheit, zwischen Langstreckenflügen ein paar Kilometer zu joggen, ohne das Gebäude verlassen zu müssen, also vor Sonne und Regen geschützt und sogar in klimatisierter Umgebung. Wer damit körperlich noch unterfordert ist oder die Flugverbindung schlecht gewählt hat, macht das am besten mit zwei

Koffern, Bordtasche und Beautycase. Wer jedoch solch schweißtreibender Ertüchtigung auf der Durchreise nicht viel abgewinnen kann, hat die Spanier einfach nicht mehr so lieb und bedauert höchstens, während des mehrstündigen Stopps den Prado nicht besucht zu haben.

Nun war ich an besagtem Vormittag aber auf keinem europäischen Flughafen unterwegs, auch nicht im südlichsten Spanien, sondern in Algier. Zum Glück – Allah sei Dank! – befand ich mich nicht mehr auf dem nationalen Flughafen, wo ich, aus der Wüste kommend, soeben gelandet war. Houari Boumediene, gleich neben dem nationalen gelegen, ist ein moderner internationaler Flughafen mit hübschen, um einen hellen Teint bemühten Hostessen und höflichen Schalterbeamten.

Mit meinem Notebook auf den Knien wartete ich auf den Weiterflug nach Paris. Als mein Akku langsam zur Neige ging, machte ich mich auf die Suche nach einer Steckdose. Mir blieb noch eine gute Stunde bis zum Abflug, und diese Zeit wollte ich nutzen, um den Reisebericht zu verfassen. Doch ich fand keine Steckdose und musste schließlich einen Kellner des Cafés bezirzen, mein Notebook eine Weile unter der Theke ans Netz zu hängen. Der smarte Typ in den Vierzigern, ganz Sohn einer arabischen Kaufmannsfamilie, wollte auch sofort Kapital aus meiner Bitte schlagen und träumte von einer weiteren Kerbe in seinem Hotelbett. Nun, träumen darf schließlich jeder.

Auf dem Weg vom Café kommend schlenderte ich durch die Parfümerie. Ein frischer Duft konnte nicht schaden, und auch die Erneuerung meines Make-ups war dringend angeraten, schließlich war ich schon seit mehr als zwölf Stunden unterwegs. Hm … immer diese schwierigen Entscheidungen: das luxuriöse Serum für die Hydratation von Lancôme und die

Creme von Yves Saint Laurent, oder umgekehrt? Und welcher Duft? Ah, Gaultier hat auch wieder was Neues auf den Markt gebracht …

Gelangweilt schnupperte ich mich durch die Regale, als ich mitten im Geschäft hektische Bewegungen wahrnahm. Zwei Duty-free-Verkäuferinnen in hochhackigen Pumps, die sämtliche Produkte ihrer Marken in ihren Gesichtern trugen, griffen mit spitzen Fingern und french-manikürten Nägeln nach einer verschleierten Frau, die sich am Boden krümmte.

Diese Art Stöhnen war mir nicht unbekannt. Ein kurzer Rundumblick bestätigte mir, dass ich vermutlich als Einzige wusste, was hier gerade im Gange war. Bisher schien noch niemand zu ahnen, was sich unter dem weiten, wallenden Umhang anbahnte. Während ich wegscheuchende Gesten in Richtung mehrerer potenzieller Kunden machte, versuchte ich die Situation mit drei Worten auf Spanisch zu erklären. »*Está de parto!*«

Eine der beiden Hübschen verstand mich und kreischte entsetzt auf. Die andere stürzte sich geistesgegenwärtig auf die Rollläden, die sie mit lautem Getöse herabließ. Zum ersten Mal schätzte ich diese südländische Praxis des Dichtmachens eines Ladens.

»*Soy matrona*«, versicherte ich und kniete mich auf den edlen grauen Stein. Aus den Augenwinkeln sah ich, dass meine Assistentin nichts mit der spanischen Bezeichnung für Hebamme anfangen konnte, und so fügte ich noch auf Arabisch hinzu: »*Qabila.*«

»Okay«, hauchte sie und ging umständlich auf der anderen Seite der Frau in die Hocke.

Es dauerte eine Weile, bis wir die umhüllenden Stoffbahnen der am Boden liegende Beduinin hochgeschoben hatten und ich eine Untersuchung durchführen konnte. Von wegen Untersuchung! Mit einem *»Udran«* um Verzeihung bittend, schob ich der Frau während einer Wehe meine Hand zwischen die Beine. Sie klemmte mir beinahe die Finger ab. Viel konnte ich nicht tasten, der Kopf war jedenfalls noch nicht auf dem Beckenboden, ich spürte nur die weiche, nasse Vagina.

Als sie ruhiger atmete, stellte ich mich der Muslimin vor. *»Ismi* Ursula«, sagte ich lächelnd. Ich befand mich auf der Rückfahrt aus den westsaharanischen Lagern im Süden Algeriens und beherrschte zumindest ein paar arabische Ausdrücke. Nicht genug, stellte ich mit Bedauern fest, denn gerne hätte ich die Frau beruhigt, damit sie sich ein wenig entspannen konnte.

»Qabila 'ana«, wiederholte ich und tippte mit dem Zeigefinger auf meine Brust. Diesmal nickte sie und lächelte beinahe.

Meine Vermutung, dass bei der nun gepresst atmenden Frau bereits die Austreibungswehen einsetzten, bestätigte sich. Der Parfümerieverkäuferin war dies ebenfalls klar. Ich orderte Tücher, eine Schüssel Wasser, Alkohol, eine Schere und weiche Unterlagen. Doch anstatt die gewünschten Artikel zu suchen, griff die zuvor mit den Rollläden Beschäftigte zum Handy und rief hektisch nach Arzt und Flughafensanitäter. Das bekam die Gebärende offenbar mit. Mit einem Schwall arabischer Nettigkeiten, die ihre Panik vor männlichem Beistand in dieser Angelegenheit deutlich machten, beschimpfte sie die orientalische Barbie-Puppe. Es klang, als würde sie jeden Augenblick aufspringen und ihr an die Gurgel wollen. Die andere wehrte sich, auch nicht ohne. Überdies hatte sie sich an den Rollläden einen Nagel abgerissen, ohnehin schon eine mittlere Katastrophe. Mühsam widerstand sie dem offensichtlichen Drang, blindlings auf die Schwangere einzudreschen. Das tat sie verbal. Geht im Arabischen ganz einfach. Da klingt das Austauschen harmloser Kochrezepte beinahe schon wie eine Kriegserklärung. Und hört man Nachbarinnen in der Straße zu, weiß man nie, ob sie sich in den Haaren liegen oder miteinander scherzen.

Mit einem gebellten »*Qif!*« – Stopp! – und einem Hilfe suchenden Blick wandte sich die Berberin wieder an mich. Offensichtlich hatte sie der Blickkontakt mit mir, mein Alter und der Beruf der *qabila* überzeugt. Die Frauen vom Volk der Berber, Tuareg oder Saharaui bevorzugen immer noch die Geburten mit ihren Hebammen, vorzugsweise in ihren *jaimas,* den traditionellen Zelten. Aus den Augenwinkeln sah ich, wie die beiden Angestellten sich nun bemühten, das Erforderliche zu organisieren.

In Kürze lag die Frau auf einem Stapel Louis-Vuitton-Taschen, und erlesene Chanel-Badetücher schoben sich unter ihr Gesäß. Tapfer stützten die beiden kostbar bedufteten Hübschen die in ihrer Kluft schwitzende und stöhnende Frau. In ihren engen Röcken und hochhackigen Pumps hatten sie alle Mühe, nicht das Gleichgewicht zu verlieren.

Dann kam Leben in die Muslimin. Sie nickte, richtete sich auf und ging in eine tiefe Hocke. Kein Ton kam über ihre Lippen, die sie zu einem Strich zusammenpresste. Schon sah ich das dunkle Kopfhaar zwischen den Schamlippen der, wie ich annahm, nicht zum ersten Mal gebärenden Frau. Mit einer einzigen langen Wehe brachte sie ihr Kind zur Welt. Es war ihr fünftes, wie sich später herausstellte, und es kam drei Wochen zu früh. Aber das zarte Mädchen war äußerst vital und begann unbeeindruckt von dem Odeur einer ganzen Parfümdestillerie lauthals zu schreien, kaum dass es auf Mutters Brust zu liegen kam. Ich erbat ein weiteres Badetuch für das Kind und warmes Wasser.

Als die Nabelschnur nicht mehr pulsierte, durchtrennte ich sie mit einer Nagelschere. Über den Stumpf zog ich mehrfach ein Gummiringerl, wie ich es aus Mexikos Spitälern kannte, wenn dort auch sterile Gummis dafür verwendet wurden. Wenig später landete die Plazenta auf einem weißen Handtuch mit goldfarbenem Logo. Sie war vollständig, und ich gab endgültig Entwarnung. Ich säuberte die Frau und schob ihr behelfsmäßig Tücher zwischen die Beine. Die beiden Damen zogen den hinaufgeschobenen und völlig zerknitterten *melhfa* wieder bis zu den Knöcheln über die Beine. Dann erhörten sie den seit einiger Zeit an den Rollläden klopfenden Vater. Nur zögerlich trat der Mann näher. Er wurde von den ebenfalls vor dem Laden wartenden Sanitätern überholt, die mit einem Rollstuhl herbeieilten. Sie würdigten mich keines Blickes.

Lächelnd rollte die in ihren bunten Umhang gehüllte Berberin mit ihrem Kind im Arm davon. Nur die beiden Beauty-Ladys hatten noch etwas Mühe, sich über den Vorfall zu freuen. Mit Puderquasten, Nagelfeile und Handspiegeln bewaffnet, in die sie sorgenvoll-kritische Blicke warfen, hatte zunächst ihr Outfit absolute Priorität. Erst als sie ihrer Meinung nach wieder salonfähig waren, wurden die Rollläden hochgezogen. Dann aber waren sie die unumstrittenen Stars in der Duty-free-Abteilung.

Beinahe unbemerkt gelangte ich zum Café und erbat mein Notebook, das für die verbleibende Viertelstunde nun ausreichend aufgeladen war. Sofort notierte ich die Episode dieser überstürzten Geburt in der Öffentlichkeit, wie sie gelegentlich durch die Medien geistern, überall auf der Welt. In der muslimischen Welt ist Gebären jedenfalls noch reine Frauensache.

Wieder zu Hause, berichtete ich José, einem in Algier lebenden Freund, per Mail von dem Ereignis am Flughafen. José hatte eine spanische Mutter und einen algerischen Vater und war in Oran an der nordafrikanischen Küste aufgewachsen. Er arbeitete für die spanische Nachrichtenagentur EFE und hatte von der abenteuerlichen Geburt gehört. Daraufhin rief er mich über Skype an.

»Jetzt bist du einmal hier und dazu noch ein Fall für die Medien, und ich bin in Tunis!«, jammerte er. »*Joder!* Der Frau war das bestimmt unheimlich unangenehm.«

»Das sehe ich nicht so. Als klar war, dass kein Mann auftauchen würde, war sie ziemlich entspannt.«

»Hat sie geplappert wie aufgezogen?«

»Äh, nein, hat sie nicht.«

»Siehst du!«, konterte er. »Eine glückliche Berberin wäre nicht mehr zu stoppen.«

»Du sprichst wohl aus Erfahrung«, neckte ich ihn.

José räusperte sich. »*Si, si*«, lachte er, »*claro que si!*«

Unbewusst brachte er die Sache genau auf den Punkt: Eine Geburt betrifft dieselbe Körperregion wie der Sex, es werden die gleichen Hormone dabei ausgeschüttet und auch die stöhnenden Laute ähneln sich oftmals sehr. Nicht zu reden vom Wunsch nach Intimität, gedämpftem Licht und vertrauter Umgebung, die Gebärenden wie Liebenden die Sicherheit geben, sich fallen lassen zu können. Sich zu öffnen. Und danach die befriedigte, glückliche, gelöste Frau beziehungsweise die gelöste Zunge der Araberinnen. Javier kannte sich aus.

Das brachte den Freund auf einen anderen Gedanken. »Was ist eigentlich mit deinen Büchern? Wann werden sie denn ins Spanische übersetzt, damit ich sie endlich mal lesen kann? Und natürlich darüber berichten.«

»Hm«, sinnierte ich, »ich weiß es nicht. Ich bin jetzt auf der Suche nach einem neuen Verlag. In Österreich tut sich im Moment nicht viel in der Literaturszene. Überall werden die Gelder gekürzt, und die Kultur hat es momentan besonders schwer. Die Literatur bewegt sich derzeit unterhalb der Wahrnehmungsgrenze.«

»Ha, ha«, lachte José bitter, »ihr habt wenigstens freie Literatur. Hier in Algerien ist nur Sansal ein wirklicher Schriftsteller von Format.«

»Ich bezweifle allerdings, dass er etwas mit meinen erotischen Romanen anfangen kann.«

»Da gebe ich dir recht. Ins Arabische werden sie wohl nie übersetzt werden. Aber wenigstens ins Spanische. Hast du es schon bei *Sonrisa Vertical* probiert?«

»Nein. Ich wüsste nicht, wer mir eine Leseprobe übersetzt ...«

»Na, du selbst.«

»Ich fürchte, José, da fehlt mir etwas der einschlägige Wortschatz.« Ich grinste.

José grinste auch, ziemlich jovial, verstand aber, was ich meinte. Wir verabschiedeten uns und verblieben so, dass ich ihm auf jeden Fall einen meiner drei unter dem Pseudonym Tanja Albers publizierten erotischen Romane schicken würde und er sich in Madrid nach einem deutsch-spanisch-sprachigen Lektor umsehen werde.

Am selben Tag noch mailte er mir mehrere Artikel aus algerischen Tageszeitungen, die die hübschen Parfümerieverkäuferinnen mit Blendax-Lächeln zeigten. Die Beduinin war auf keinem Foto zu sehen. Auch nicht der Vater oder das Kind. In meiner Antwort machte ich Javier noch einmal auf diesen Unterschied unserer Kulturen aufmerksam.

»Das sind Beduinen«, schrieb er zurück. »Was denkst du! Die sitzen schon wieder bei Hummus und Kamelfleisch.«

Ja, dachte ich, wo immer die beiden hinfliegen wollten, aus ihrer Reise war wohl nichts geworden.

Ich rief mir die Beduinenfamilie in Erinnerung, in deren Zelt ich einige Wochen gelebt hatte: das Ritual der Begrüßungen, das Ritual des Teetrinkens, diese Zeremonie, die sich bei jedem Besuch wiederholte. Da gingen an so manchem Tag Stunden ins Land …

»Ihr habt die Uhren, wir haben die Zeit«, lautet ein Sprichwort der Saharauis. Und sie haben recht. Na ja, nicht ganz vielleicht, denn auch sie tragen inzwischen Uhren am Handgelenk. Aber mit Sicherheit ticken sie anders. Dort, in der Wüste …

Unter Didgeridoo-Klängen
Voodoo-Zauber bei einer Geburt auf La Palma

Rund um uns knallten die Regentropfen auf den Asphalt und spritzten an unseren Beinen hoch. Wenn es in La Palma einmal richtig regnet, dann schüttet es gleich wie aus Kübeln. Vornehmlich im Winter, also zwischen November und März, was eine üppige Vegetation, aber auch starken Pollenflug zur Folge hat. Asthma ist unter Kindern weit verbreitet, und auch so manche empfindliche Deutsche musste die grüne Kanarische Insel deswegen wieder verlassen.

Wir nahmen die Handtaschen von unseren Köpfen und betraten die kleine Bar am Rande des Klinikareals. In der Luft hingen säuerliche Dampfschwaden, die wollenen Jacken und durchweichten Schuhen entquollen. Um diese Zeit war nie ein Hocker an der Theke frei. Das Gros der Angestellten befand sich zwar bereits am Dienstplatz oder nahm soeben die langen Steinstufen im Laufschritt, aber manche aus dem Dienst eilende Kollegen fanden selbst nach langen Nachtstunden nicht gleich nach Hause, jedenfalls nicht auf direktem Weg. Auch Pensionisten mit seniler Bettflucht hingen schon zu dieser frühen Stunde in den Bars ab, um ein Schwätzchen zu halten oder Zeitung zu lesen. Das ist Spanien. In Österreich stehen sie um diese Zeit vor den Läden im nahen Einkaufszentrum.

Nola nickte zu einem frei gewordenen Tisch, und ich rückte dankbar zum Fensterplatz. Ein trüber Tag mit einem sonderbaren blassrosa Licht, das durch die beschlagenen Fensterscheiben hereinsickerte. Vor meinem geistigen Auge aber sah ich Gina.

»Ich bin neugierig, wie es mit denen weitergeht«, bemerkte ich zu meiner Begleitung, als uns der *cortado* serviert wurde. Die picksüße Kondensmilch am Boden des Glases rührte ich kaum um, damit sie sich nicht vollständig mit dem Espresso vermischte.

»Sie haben fast fluchtartig das Hospital verlassen.«

Ich schüttelte den Kopf. »Die sind ein seltsames Paar.«

»Woher kommen sie, sagtest du?« Meine langjährige Freundin rührte immer noch in ihrem Glas. Wie die meisten Spanierinnen liebt sie den Kaffee heiß und süß. Und das zehnmal am Tag. Schon lange glaubte sie, nicht mehr auf ihre Figur achten zu müssen. Das Schwergewicht unter meinen Stationsgehilfinnen im Kreißsaal machte sich demnach nicht das Geringste aus Diäten, gesundem Essen oder gar Sport.

»Sie ist Italienerin, er Holländer.«

Nola orderte einen Donut. »Auch nicht mehr der Jüngste, oder?«

»Dafür, dass es sein erstes Kind ist, nicht. Ich schätze ihn Mitte vierzig.«

»Mindestens.«

Ich machte den ersten Biss in das duftende, fetttriefende Gebäck. Dann schob ich den Glasteller Nola zu. »Danke, wie immer köstlich.« Gesund hin oder her. Nach einem anstrengenden Nachtdienst fragte keiner danach. »Für sie ist es das fünfte Kind.«

»*Si*«, lachte Nola, »hat Temperament, die Dame.«

In der Tat war Gina nicht zu überhören gewesen. Ich hatte die lebenslustige Italienerin gerade im Nachtdienst kennengelernt, als sie mit ihrem Partner Frank in den frühen Morgen-stunden an die Kreißsaaltür klopfte. Die wehenartigen Beschwer-den hatten sich dann als Fehlalarm erwiesen, wundersamerweise waren sie wie so oft bei Betreten des Krankenhauses verschwun-den. Während ich den Wehenschreiber angehängt und Gina auf-genommen hatte, waren wir ins Plaudern gekommen. Dabei hatte sich herausgestellt, dass die hübsche Frau mit den durch-dringenden blauen Augen nur mit Widerwillen und in Erman-gelung einer Alternative ins Hospital gefahren war. Als sie erfuhr, dass ich Hausgeburten machte, war sie nicht mehr zu halten ge-wesen. Fluchtartig und voller Tatendrang, eine solche vorzube-reiten, hatte sie zusammen mit ihrem Partner das Spital verlassen.

Wir bestellten noch einen Donut. Eigentlich bestellte ihn Nola, aber wir teilten ihn. Ich hätte mich ja heroisch zurück-gehalten. Dazu trank sie heiße Schokolade. Die mochte ich auch. Schmallippig linste ich zu dieser cremigen Köstlichkeit aus Schokolade und Stärke, die man in Spanien vorzugsweise zusammen mit *churros* genießt, jenen meterlangen frittierten Schlangen aus Spritzteig. Ein Kalorienzählen war da völlig sinn-los und ein derart deprimierendes Unterfangen, dass man es besser gleich bleiben ließ.

Wir verließen die kleine Bar. Auf dem Weg zu den Parkplät-zen des Hospitals rief Gina an. Bei ihr sei noch alles ruhig, mel-dete sie. Ich winkte Nola zum Abschied und wir steuerten un-sere Wagen an. Da die Italienerin auf der anderen Seite der Insel wohnte, beschloss ich, vorerst nach Hause zu fahren.

Die Küche sah aus wie Tunguska Anfang Juli 1908, die älte-ren Kometenforscher erinnern sich noch. Vermutlich hatten meine Kinder gemeinsam gekocht und viel Spaß gehabt. Nach einer ausgiebigen Dusche erfuhr ich durch eine SMS, dass das Ziehen in Ginas Bauch nicht stärker geworden war.

»Bitte leg dich hin und hol dir eine Mütze Schlaf«, simste ich zurück. Müde Frauen sind schlechte Gebärende, diese Geburten ziehen sich dann immer endlos.

Die mögliche Aussicht auf eine zweite schlaflose Nacht lenkte meine Schritte ebenfalls ins Schlafzimmer, sibirische Asteroidexplosion hin oder her. Ich wollte jedenfalls versuchen, mich bis zum nächsten Anruf ein wenig aufs Ohr zu legen.

Zu Mittag, als das Ziehen in Wehen überging und diese stärker wurden, brach ich auf. Ich hatte keinen Stress, sagte mir aber, dass Gina eine Fünftgebärende war, da konnte die Situation von einem Moment zum anderen eskalieren. Und schon ertappte ich mich dabei, bei jeder kurzen Geraden zu beschleunigen. In der Kurve nach dem Passtunnel dann Radar und hundert Meter weiter die Leuchtsignale eines Guardia-Civil-Polizisten, mit dem ich unmissverständlich ein Date hatte. Was sollte ich ihm sagen? Dass ich zu einer Geburt raste? Das Hospital lag in der entgegengesetzten Richtung. Während ich rechts ranrollte, beschloss ich, es mit der Wahrheit zu versuchen und gleich zu sagen: »Ich glaube, ich weiß, warum Sie mich angehalten haben!« Wahrscheinlich würde er nicht lachen, aber Polizisten sind ja ein notorisch schwieriges Publikum. Er lachte nicht. Breitbeinig stand er in seinen Lederstiefeln da wie Schwarzenegger in »Terminator 2«, in seinem Rücken die in der Sonne glitzernde geparkte Maschine. Als ich ihm dann aber sagte, dass ich auf dem Weg zu einer Hausgeburt sei und die in den Wehen liegende Frau sicherlich gleich ins Telefon stöhnen werde, geschah das Unfassbare. Ohne ein weiteres Wort zu verlieren, schwang sich der Mann auf seine Silverwing und nuschelte dem Kollegen eine Info ins Funkgerät.

»Wo?«, drängte er, dann startete er das Motorrad.

Ich nannte ihm die Adresse. Er nickte und gab mir ein Zeichen, ihm zu folgen. Schon brauste er los, und ich hatte einige Mühe, in den Wagen zu springen und ihm auf den Fersen zu bleiben. Drei Kurven weiter tauchte der Kollege im Rückspiegel auf und brummte bei nächster Gelegenheit an mir vorbei. Am Rande von Los Llanos, nicht weit nach der Cumbre hielten sie an einer Wegkreuzung an und deuteten die Straße hinunter. Zum Gruß tippten sie kurz an ihre Helme, dann wendeten sie ihre Maschinen.

Winkend bog ich auf die schmale Landstraße. Zweihundert Meter weiter fand ich das gelb gestrichene flache Haus, umgeben von Akazien und blühendem Hibiskus. Mit mir trudelten Ginas von der Schule heimkehrende Kinder ein und lärmten im Patio. Nach und nach lernte ich die fröhliche italienische Großfamilie kennen. Die italienische Mama stand mit aufgekrempelten Ärmeln in der Küche – wo sonst –, bemüht, unter ziemlichem Trara ein opulentes Mahl zustande zu bringen. Ginas Vater stand unter ihrem Kommando. Zum Küchenjungen degradiert, saß er am Küchentisch und schälte Kartoffeln, vor sich zum Trost eine *copa,* die sich wundersamerweise immer wieder mit palmerischem Landwein füllte. Derweil hüpften die Kinder im Alter von sechs, acht, zehn und zwölf Jahren samt Hund um den neuen Partner der Mutter und ließen auf eher antiautoritäre Erziehung schließen. Frank, der nur radebrechend Italienisch sprechende Holländer, sah nicht aus, als würde er sich in naher Zukunft durchsetzen können. Er sah vielmehr aus, als dachte er gerade, es gebe ohnehin nur eine ganz nahe Zukunft. Gina hingegen swingte außerhalb ihrer Wehen mit einem verklärten Lächeln auf den Lippen durch das Chaos, das die Kinder mit abgelegten Kleidungsstücken, Schultaschen und Jausenresten im Patio veranstaltet hatten. Dazwischen läutete ständig das

Handy. Nein, nicht ein Handy, Gina hatte in jeder Hosentasche eines, und auch Franks abgelegtes *movil* schepperte immer wieder auf den Steinplatten.

»Ich werde mal die Herztöne abhören, okay?«, eröffnete ich Gina und erhob mich von der Umrandung des *aljibe,* eines stillgelegten Brunnens. Bevor ich nach meinem Hebammenkoffer griff, reichte ich Frank meine Autoschlüssel. »Im Kofferraum liegt der Pool. Du kannst ja langsam mit dem Aufbau beginnen.«

Gina und ich verließen die Idylle und den Sonnenschein im Hof und tauchten in das Hausinnere ein. Die Kühle des Betonbaus umfing mich unangenehm. Im Gang und in den Ecken der Zimmer fielen mir kleine Altäre auf dem Boden auf, weiße Tücher, die mit Blumen, Kerzen, Wasserkelch, Figuren und Steinen geschmückt waren. All dieser Tand legte die Vermutung nahe, dass ich mich in einem Haus heidnischer Glaubenspraktiken befand. Voodoo, Santería oder Candomblé, das brasilianische Gegenstück zur westafrikanischen Yoruba-Tradition?

Aus dem Gespräch mit den beiden im Spital wusste ich, dass die werdende Mutter von ihrem Gynäkologen über alle möglichen Gefahren einer Spätgebärenden zwei Wochen über dem Termin aufgeklärt worden war. Ich hatte alles mit, um den Geburtsbeginn zu beschleunigen, erachtete aber Rizinusöl oder Ähnliches nicht mehr als notwendig. Gina hatte spontane Wehen, sie mussten nur noch stärker werden. Dachte ich.

Im Gästezimmer, in das wir uns zurückzogen, war es kalt, Gina fror, als sie sich den Pullover über den Bauch schob. Das kühle Gel auf der Sonde machte es noch schlimmer.

»Wo willst du denn den Pool aufstellen?«, erkundigte ich mich, während ich mit dem Fetal-Doppler die Herztöne abhörte.

»Hier ist der einzig mögliche Platz im Haus.«

»Aha. *Bueno*«, ich zuckte mit der Schulter, »das Zimmer ist klein, das erwärmt sich schon durch das warme Wasser. Du kannst ja schon mal mit dem Einlassen beginnen.« Selbst die kleinen, mit Gasflaschen betriebenen Durchlauferhitzer, wie sie in allen palmerischen Haushalten vorhanden waren, schafften es irgendwann, meinen Pool mit warmem Wasser zu füllen – es war alles nur eine Frage der Zeit.

»Sobald der Pool steht«, maulte Gina.

»Ja klar, aber der ist schnell aufgestellt.«

In diesem Moment schleppte Frank das blaue Ungetüm zur Tür herein. Dann machte er auf dem Absatz kehrt, um die Tasche mit den Eisenstreben zu holen. Ich sah dem schlanken, sehnigen Mann mit den ausgeprägten O-Beinen nach. Da läutete eines von Ginas Handys – inzwischen hatte sie drei bei sich –, und Frank stoppte unter dem Türrahmen.

»Es ist Maria«, erklärte Gina und widmete sich wieder der Anruferin. »*Si*, Maria, *entiendo, si, gracias*.« Sie warf Frank einen verschwörerischen Blick zu. »Abwarten«, bemerkte sie knapp, dann verschwand Frank durch die Tür.

Ohne Gina vaginal zu untersuchen, weil mir die Wehen noch zu kurz erschienen, zog ich zwei Fläschchen aus meinem Koffer. »Sieh mal, Gina, ich würde dir zu diesen beiden homöopathischen Mitteln raten. Pulsatilla zum Loslassen und Caulophyllum, damit die Wehen effizienter werden. Okay?«

»Okay.«

Kurz war ich dem Holländer noch beim Aufstellen des Beckens behilflich, dann rief Ginas Mama zum Essen. Es gab Spaghetti als obligate Vorspeise, dann Fleischklöße in Basilikumsoße mit Gnocchi und Salat und danach herausgebackene süße Scheibchen aus Kartoffelteig, eine Spezialität aus Kampanien.

Gina aß nur wenig. Schnaufend umkreiste sie den Tisch, da

sie die Wehen im Sitzen nicht gut veratmen konnte. Das machte Frank nervös, sodass er immer wieder hektisch aufsprang und ins Gästezimmer lief, um den Wasserstand des Pools zu kontrollieren. Dazwischen läuteten abwechselnd vier Handys. Die fingen langsam an, *mich* zu nerven. Und ich werde nicht schnell nervös. Ich war froh, als das Essen endlich vorbei war.

Zu dieser Zeit, irgendwann zwischen drei und vier Uhr nachmittags, beschloss Gina in den Pool zu steigen und sich von dort nicht mehr fortzurühren. Meiner Meinung nach war das zu früh, und das sagte ich ihr auch, aber Gina war eine eigenwillige Person, die anscheinend immer und überall ihren Kopf durchsetzen wollte. Nun ging es hier um ihr Kind und ihre Geburt – wenngleich diese auch nach einem kurzen Check keinerlei Fortschritte zeigte –, und ich ließ ihr ihren Willen. Schließlich dachte auch ich, dass die ganze Angelegenheit beim fünften bestimmt ratzfatz über die Bühne gehen würde.

Das war ein Irrtum. Eine Odyssee begann. Rund um das prall gefüllte Becken lagen vier Handys auf Stühlen und Regalen, die pausenlos läuteten, vibrierten und schepperten.

»Sei mir nicht böse, Gina«, sagte ich betont ruhig, »aber diesen Irrsinn mit den Anrufen halte ich nicht für sehr hilfreich. Du machst dich völlig irre.«

Gina sah mich gereizt und zugleich entgeistert an.

»Wer ist denn diese Maria?«, hakte ich deshalb nach.

»Eine Santera.«

»Ah ja.« Also eine kubanische Priesterin. »Aus Kuba?« Dann ließ sie sich ihren Heilsauftrag ja einiges kosten.

»Sie lebt in Barcelona«, korrigierte Gina, fast trotzig.

»Und was sagt sie?«

»Dass die Geburt nur zögerlich in Gang kommt.«

»Dafür braucht man keine hellseherischen Kräfte.«

Gina tauchte unter. Als sie den Kopf wieder aus dem Wasser reckte, reichte Frank ihr ein Handtuch, rubbelte dann aber selbst über Ginas kurzes violettes Haar, bis es wirr nach allen Seiten abstand. In dem kleinen Raum war es durch das dampfende Wasser beinahe unerträglich schwül. Ich brauchte frische Luft und verließ das Zimmer.

Im Gang war es sehr kühl, und auch der Patio lag mittlerweile im Schatten.

Während ich mir die Beine vertrat und fröstelnd meine nackten Oberarme rieb, gesellte Frank sich an meine Seite.

»Weißt du, Gina ist selbst eine … äh, Priesterin.«

»Oh.«

»Willst du dir ansehen, wo sie praktiziert?« Ohne meine Antwort abzuwarten, ging er ein paar Schritte auf eine Tür zu, die abgesperrt war. Den Schlüssel zog er aus einer Mauerritze, und im Nu sprang die Tür auf. Neugierig folgte ich ihm in das Reich der Gina Tozzi. Ich sah mich um. Auf einem Bord befanden sich Wachs- und Strohpuppen und Schalen mit getrockneten Kräutern und Bänder in allen Farben. In der Mitte des Raumes das Heiligste, ein Altar auf einer kreisrunden Platte mit geschmückten Figuren, frischen Blumen, Kerzen, einem Wasserkelch, Tellern mit Orangen und getrocknetem Fisch und … einer Axt. Kein Zweifel, ich befand mich im Tempel der örtlichen Santera, um dort mit Pflanzensud gereinigt und mit bunten Bändern geschmückt zu werden. Im besten Falle. Nur die Axt irritierte mich ein wenig.

Frank bemerkte es offensichtlich, denn er beschwichtigte sogleich: »Die ist das Symbol des Gottes Changó.« Seine Augen flammten auf. »Changó ist ein kriegerischer Gott, er verkörpert Männlichkeit und Vitalität.«

Die Gänsehaut auf meinen nackten Armen hatte nichts mit der Kühle im Raum zu tun. Der Blick aus Franks dunklen Augen bohrte sich in meinen. Seine scharf geschnittenen Gesichtszüge und der verwegene Zug um seine Lippen verhießen nichts Gutes, was mein Anliegen betraf, schnell und ohne Probleme von hier fortzukommen. Durch die Türöffnung fielen die letzten Sonnenstrahlen und beleuchteten den Altar im Zwielicht der Abenddämmerung. Millionen Stäubchen flimmerten in der Luft.

»Religion kann Ekstase sein, Auflösung des Selbst, Eintauchen in das Weltganze …«

Ich sah ihn zweifelnd an.

Von irgendwoher nahm er eine Kreide und zeichnete ein magisches Symbol auf den Boden. Schwarze Magie? Frank war weiß Gott nicht der Typ Mann, um den meine Gedanken Tag und Nacht kreisten, aber in diesem Moment strahlte er etwas Besonderes aus, etwas verführerisch Magisches. Sein Gesicht leuchtete, und der Blick aus seinen schwarzen Augen fesselte mich. Das Blumenglas im Hintergrund fing die Abendsonne ein und schien in pures Gold getaucht. Das reflektierte Licht umgab seine davor kauernde Gestalt wie ein Heiligenschein, schuf eine Aura des Sinnlichen, Überirdischen. Nein, nicht himmlisch – teuflisch. O Gott, solange noch ein Rest von Sauerstoff mein Kleinhirn erreichte, sollte ich mich besser aus dem Staub machen.

Ich trat aus dem Tempel und blickte gen Norden. Allmählich senkte sich der Abend über den Kraterrand des Roque. »Ist was mit Gina, das ich wissen sollte?«, bohrte ich, als Frank am Schloss hantierte.

Er rieb sich die Hände, seine Arme waren sehnig und braun gebrannt. Sein knochiges Gesicht aber nahm den Ausdruck größter Ratlosigkeit an. »Frag nicht weiter.«

»Warum?«

»Aus Zweckdienlichkeit.«

»Und was soll ich mir darunter vorstellen?«

Franks Augen wurden schmal. »Frag einfach nicht weiter. Es wird alles gut. Nur das zählt.«

Frank sah mich an, als hätte er mir soeben die Geheimnisse der Unsterblichkeit enthüllt. Ich dachte an die Axt. Unweigerlich stellten sich mir die Nackenhaare auf. Schnellen Schrittes verließ ich den Patio. Ich spürte Franks Blick im Nacken.

Es war nichts zu machen, Gina glaubte an die Kraft der alten Mythen und Rituale. Was sich normalerweise nach außen in unscheinbaren Gesten darstellt, wurde in dieser besonderen Situation mehr als grotesk. Zumindest für mich, eine Ungläubige.

In den folgenden Stunden wurde ich Zeugin, wie die spirituellen Kräfte der Orishas auf das Leben der Menschen einwirken können und wie man diese afrikanischen Götter mithilfe obskurer Zeremonien zu seinen Verbündeten macht. Was ich zu sehen und zu hören bekam, überzeugte mich allerdings nicht. Neben Maria aus Barcelona und Ana aus Malaga gesellte sich noch ein Padrino aus Kuba zu den Helfenden, die allesamt Kontakt zu den verehrten *espiritos,* den Geistern verstorbener Vorfahren, aufnahmen. Die Reise ging zurück bis nach Afrika. Je mühevoller die Reise wurde, umso mehr bemühten sich die Santeras und Padrinos, diese Adepten der Götter, der Gebärenden zu helfen. Doch Ginas Geburt zog sich immer weiter in die Länge. Ungeachtet massivster Wehen gab es keinen Geburtsfortschritt. Mit der Zeit wurde Gina ungeduldig, die ersten vier Kinder hatten ja nicht lange auf sich warten lassen.

Mit Kreide zeichnete Frank magische Symbole rund um den Pool auf den Boden. Gina bat um die schwarze Kerze aus ihrem

Tempel und ein Geldstück. Daraufhin sprach sie in die Flamme der Kerze Formeln. Auf die Münze starrend, murmelte und stöhnte sie ihre Schmerzen heraus. Dann verschwand Frank wieder mit den beiden Ritualgegenständen.

Neben all diesen spirituellen Bemühungen versuchte ich, mit Homöopathie, Aromaölen und Massagen die Geburt zu beschleunigen. Was aus unerfindlichen Gründen nicht gelang.

Irgendwann griff Frank zu seinem Didgeridoo Marke »Eigenbau«. Er hatte einige Jahre in Australien gelebt und dort die Herstellung erlernt, fertigte diese Instrumente nun aber aus einem speziellen Gewächs in La Palma. In der Hocke sitzend blies er mit flatternden Lippen das kunstvoll geschnitzte Didgeridoo sanft an. Ohne Atempause fügte er die Klangelemente nahtlos aneinander. Der Rhythmus stimmte, schnell gingen mir die Schwingungen unter die Haut. Ich beobachtete die Bewegungen seines Kehlkopfs, sein Spiel klang rau und wild.

Auch Gina nahm es gefangen. Wie in Trance lehnte sie an der Poolwand, bis zur Brust im Wasser. Sie sah in diesem Moment unglaublich schön aus, wie eine entrückte Göttin. Ihre anmutig geformten Arme ruhten auf der Brüstung, und wenn eine Wehe anrollte, krallte sie sich an der Eisenstrebe fest. Wie durch ein Wunder waren alle Handys verstummt.

Mein Körper vibrierte, und ich hatte das Gefühl, als versetzten die rauen Töne den gesamten Raum in Schwingung. Ungeachtet der Gebärenden, ungeachtet ihrer Wehentätigkeit, kam ich mir plötzlich ziemlich überflüssig vor. Die Konstellation passte nicht. Ich sollte einfach aufstehen und verschwinden, dachte ich, zumindest aus dem Zimmer. Oder ihnen sagen, wie bescheuert ich das ganze Spektakel fand.

Irgendwann beendete Frank sein Spiel, und die Handys läuteten erneut. Weitere Voodoo-Zauberpraktiken kamen ins Spiel. Während bei den Freunden in Spanien und Kuba Zeremonien vollführt wurden und bestimmte Trommelschläge und Gesänge, Zeichen, Anrufungen und Gebete die Manifestierung der Götter provozieren sollten, rieten die Santeras Gina und Frank zu bestimmten Opfern, um die Orishas zu beeinflussen. Neben Calypso-Musik und dem Verbrennen von Kampfer empfahlen sie Trankopfer von Rum und Wasser.

»Jeder dieser Götter wird bei den Zeremonien durch einen Fetisch vertreten, dem Opfer in Form von kleinen Gaben gebracht werden«, erklärte mir Gina während zweier Wehen.

»Was opfert man so?«, fragte ich.

Gina zuckte die Schultern. »Geopfert wird, was die Götter brauchen könnten …« Das Schrillen eines Handys unterbrach sie. Aufmerksam lauschte sie, was Maria ihr mitzuteilen hatte. Vor ihr schienen die beiden den größten Respekt zu haben.

»Sobald Elegba«, mischte Frank sich ein, »die zentrale Figur im Spiel der Gottgewalten, die Verbindung zu einem der Orisha freigibt, kann dieser von einem Teilnehmer Besitz ergreifen und Botschaften übermitteln. Dies bildet den Höhepunkt einer solchen Zeremonie.«

»Wir brauchen die Hilfe Ochúns!«, stöhnte Gina und warf das Handy auf den Stuhl. Nach Abklingen der Wehe knirschte sie: »Ochún ist die Göttin der Liebe und Fruchtbarkeit, die Herrscherin über alle Ströme, Blut oder Honig.« Gina lehnte sich zurück. »Sie ist ihren treuen Anhängern genauso behilflich wie Yemayá, die Hüterin der ruhenden Gewässer und Göttin der Mütterlichkeit.«

Es klang nicht, als hätte die Göttin schon von ihr Besitz ergriffen.

Ich bat, die Musik auszudrehen, und hörte die Herztöne ab. Auf eine vaginale Untersuchung verzichtete ich. Ich wusste auch so, dass es keinen Geburtsfortschritt gab. Die Herztöne waren einwandfrei in Ordnung, doch seit Stunden lag derselbe Befund vor. Und das bei fortwährender Wehentätigkeit. Auch die Schmerzen blieben dieselben, unberechenbar und hartnäckig. Gina würde zwangsläufig mit der Zeit schwächer werden. Ich gab dem ganzen Zirkus die Schuld, fühlte mich aber selbst wie paralysiert. Schlimmer noch, mich befiel eine eigenartige Passivität. Und langsam gesellten sich Kopfschmerzen dazu.

Frank ging an eines der Handys, lauschte eine Weile nickend und verließ dann das Zimmer. Im Nu kam er mit einem Ei wieder. Das Ei wurde unter beschwörenden Formeln mehrmals über Ginas Bauch gerollt, dann lief Frank damit an die entlegenste westliche Stelle des Grundstücks und warf es über den Zaun in Nachbars Garten.

Meine Kopfschmerzen wurden immer schlimmer. Hinter Stirn und Schläfen dröhnte es unerträglich. Ich holte zwei Aspirin aus meiner Handtasche und ging damit in die Küche. Inzwischen hatte Frank die Kerzen auf den Altären entzündet. Das Licht der Flammen flackerte wild über die gelb bemalten Wände und hauchte den Gestalten der Heiligen Leben ein. Unruhig huschten ihre Schatten über die Mauern. Weder Ginas Eltern noch ihre Kinder waren zu hören oder zu sehen. Ich sah auf die Uhr. Es wurde bereits halb acht, und um acht Uhr sollte ich meinen Nachtdienst im Hospital antreten. Vor über einer Stunde hatte ich meinen im Tagdienst befindlichen Kollegen Javier per SMS gebeten, eventuell eine Stunde anzuhängen. Das sei kein Problem, hatte er mir geantwortet. Nun wusste ich aber, dass ich auch um neun Uhr nicht von hier wegkommen würde.

Vermutlich auch nicht um zehn. Ich rief Javier an. Der Gute bot mir an zu warten, bis ich mit der Hausgeburt fertig sein würde.

»*Gracias,* Javi«, flüsterte ich, »ich zahl es dir mit einem Nachtdienst zurück.«

»Ist schon okay, *no te preocupes.*«

Ohne die Hilfe meiner loyalen Kollegen hätte ich mich neben meinem Job im Spital niemals der Hausgeburtshilfe widmen können.

»Die sind ja alle irre hier!«

Javier lachte. »Wer sich von Irren umgeben fühlt, sollte schnell klären, ob er Pfleger oder Patient ist.«

Ja, da musste ich hier wirklich aufpassen.

In der Küche wartete ein üppiges Essen, das die pummelige Italienerin mithilfe ihres etwas in die Jahre gekommenen Küchenjungen fabriziert hatte. Doch ich hatte keinen Appetit. Ich fror und wollte eigentlich nur fort aus diesem Haus. Die beiden waren doch völlig durchgeknallt. Entschlossen betrat ich das Gästezimmer.

»Also, Gina, entweder kommst du jetzt aus dem Wasser raus und läufst herum, damit die Wehen auch was bringen – und zwar ohne Handys –, oder ich fahre. So geht das nicht weiter.«

Gina starrte mich feindselig an, folgte aber meiner Anordnung. Unwillig und rastlos irrte sie zwischen dem Pool und den verschiedenen Altären im Haus herum. Dabei hängte sie sich Ketten und Wunschamulette aus Pergament um den Hals. Frank und ich liefen hinterher, mit Saft beziehungsweise Sonicaid in der Hand, vom heißen, dampferfüllten Zimmer ins kühle Haus und zurück. Vermutlich sorgten die Temperaturschwankungen dafür, dass meine heftigen Kopfschmerzen nicht nachließen.

Ob letztendlich das Marschieren den gewünschten Erfolg brachte oder sich eine der Göttinnen erbarmte, konnte ich nicht sagen. Es war mir auch egal. Als das Kind eine halbe Stunde später geboren wurde, erschrak ich bei seinem Anblick zutiefst. Seine schwarzen Augen funkelten mich zornig an. Noch nie hatte mich ein Neugeborenes mit derart stechendem Blick angestarrt. Ich hob das Baby aus dem Wasser, denn Gina war für die letzte Presswehe noch schnell in den Pool gehüpft. Vielleicht wollte der kleine Teufel einfach nicht in das Medium Wasser geboren werden …

Leise schloss ich die Haustür hinter mir. Mich umfing eine ungewöhnlich dunkle Nacht. Ich sog die kühle Luft ein und blickte in den schwarzen, sternenlosen Himmel. Fluchend schlurfte ich zum Auto und wusste, dass ich furchtbar krank war. Alle Knochen schmerzten, und nur mühsam schaffte ich es, nach Hause zu fahren. Komm jetzt bloß nicht auf den Gedanken, es könnte schwarze Magie im Spiel sein, höhnte ich. Und Ginas Geheimnis, das ich nicht wissen sollte? Sie praktizierte Schadenzauber, und es war nur logisch, dass die hübsche Frau Feinde hatte, die sich auf gleiche Weise mit dem Traktieren von Wachs- und Strohpuppen rächten. Und dann dieses Kind, dieser kleine Teufel. Sein Blick war nicht der Blick eines normalen Babys. Ich kenne den Blick aus den katecholamingeweiteten Pupillen eines Neugeborenen. Hatte nicht Ginas Mutter Weihwasser in den Pool geträufelt, bevor Gina ihn bestieg? Gott, ich litt vermutlich schon an Gehirnerweichung im fortgeschrittenen Stadium! Wichtig war einzig und allein, dass Mutter und Kind gesund waren. Ich würde mich schon wieder erholen. Aber irgendwie befriedigte mich dieser Gedanke nicht.

Ein paar Kurven weiter griff ich zum Handy, um meinen Kollegen zu verständigen. Weiter oben in den Bergen würde ich keinen Empfang haben.

»Javi, ich bin jetzt fertig hier und fahre heim. Du, mir geht es sauschlecht.«

»*No problema,* Ursula. Ich bleibe im Dienst und mach dir die Nacht.« Ich hörte, wie er Luft holte. »Äh, Guerra möchte dich sprechen.«

»Oh.« Das hatte noch nie etwas Gutes bedeutet. »Weißt du, warum?« Meine leicht apokalyptische Verfassung näherte sich der absoluten Endzeitstimmung.

»Hm, denk mal an deine letzten Geburten. Er rief nach der ärztlichen Dienstbesprechung am Vormittag an und erkundigte sich nach deinem nächsten Dienst.«

»Alles klar«, fiel es mir wie Schuppen von den Augen. Wie üblich ging es um Geld und Macht. Was sonst. »Die Belgierin. Ich hab sie ihm weggeschnappt, quasi vom OP-Tisch runter. Sie wäre ein von ihm programmierter Kaiserschnitt gewesen, nur weil sie achtunddreißig Jahre alt ist …«

»*Sí.*«

»Verstehst du, Javi?«

»Ja, ja, ich versteh schon. Nur, sie ist seine Privatpatientin, das ist halt Pech. Aber du hast Glück, dass sie Ausländerin ist.«

Hanne hatte in drei Stunden ihr erstes Kind geboren, ohne Schnitt, ohne irgendwelche Interventionen. Ich erbebte von Kopf bis Fuß. Nicht aufgrund der Grippe, sondern in Gedanken an unseren Chef Guerra. Das erinnerte mich an einen anderen Fall. Damals hatte ich während eines Nachtdienstes eine seiner Patientinnen, eine junge Palmerin, entbunden. Die Gute war zur Geburt ihres ersten Kindes mit kräftigen Wehen ins Krankenhaus gekommen. Es war eine völlig problemlose, schnelle Geburt gewesen. Das über vier Kilogramm schwere Kind hatte beste Apgar-Werte gehabt. Es waren keine zusätzlichen Hilfen meinerseits nötig gewesen. Vor allem aber hatte ich keine Notwendigkeit gesehen, der Frau einen Dammschnitt zu verpassen. Diese Art der genitalen Verstümmelung wurde im palmerischen Hospital zu jener Zeit jedoch als ein unbedingtes *Must-have* betrachtet, praktisch keine Frau war ohne diese Ziernaht nach Hause gegangen. Am nächsten Tag stand ich vor dem Kadi. Dass es dem Kind nachweislich gut gegangen war und die Frau nicht einmal eine Schleimhautverletzung davongetragen hatte, spielte überhaupt keine Rolle.

»Nimm's nicht persönlich, Ursula.«

»*No?* Wie soll ich so was denn sonst nehmen?« Auch wenn die nachrückenden jungen Kolleginnen die verordnete Dammschnittphilosophie nicht teilten, war doch ich es gewesen, die von Anfang an dagegen gekämpft hatte. Kompromisslos.

»Du weißt doch, dass wir seine Ansichten über eine natürlichere Geburtshilfe nicht werden ändern können. Dazu ist er zu alt, zu konservativ und auch … äh …«

»Zu rassistisch«, fiel ich Javier ins Wort. Guerra lehnte alles ab, was von auswärts kam. In dem Fall speziell aus Mitteleuropa, Alpenregion, Binnenland. Nein, ich meine nicht die Schweiz.

»… zu stur. Also, ruhig Blut bewahren. Wir sehen uns, adiós.«

»Ja, gut, adiós. Und danke noch mal.«

Dr. Guerra – was übersetzt bezeichnenderweise ›Krieg‹ bedeutet – war ein Choleriker, der umso lauter wurde, je eindeutiger er im Unrecht war. Was wiederum das Sprichwort »Wenn einer schreit, hat er nichts zu sagen« bestätigt. Das half mir im Moment aber auch nicht weiter. Dazu machte die Tatsache, dass ich mit dröhnendem Kopf, Gliederschmerzen und Schlafentzug im feuchtkalten Auto saß und eine qualvolle Heimfahrt vor mir hatte, die Aussicht auf ein derartiges Gespräch nicht gerade verlockender.

Was der plötzliche Schwächeanfall tatsächlich bedeutete, wurde mir eine schmerzhafte Autostunde später klar. Mehr schlecht als recht schleppte ich mich vom Wagen ins Haus und dort ins Bad. Die heiße Dusche brachte keine Erleichterung, und ich hatte nicht den Nerv, eine halbe Stunde abzuwarten, bis sich die Wanne mit dem dünnen Rinnsal aufgrund des schwachen Wasserdrucks endlich gefüllt hätte.

Peter schlief schon. Ich schlich zu meiner Seite und rückte an die Außenkante des Bettes. Was meinen dennoch erwachten Mann aber in keinster Weise davon abhielt, zutraulich zu werden.

»Du schon wieder«, murmelte ich, mich fest in die Decken einrollend.

Peter lachte. »Ich schätze deine schnelle Auffassungsgabe immer wieder.«

»Bitte …«, flehte ich. Ich wollte einfach nur meine Ruhe haben.

»Ja? Bitte, was?«

Ich wurde deutlicher. »Sehe ich aus, als ob mich *das* jetzt interessieren würde?« Gerechterweise muss ich sagen, dass er im Dunkeln nicht wirklich viel erkennen konnte.

Peter ignorierte mich. »Hattest du eine tolle Geburt?«

»Also, bevor du auf ›ansteckenden Hormontrip‹ und so anspielen willst und voll daneben argumentierst, will ich dir sagen, dass es mir total mies geht. Schaut aus, als hätte ich mir plötzlich eine schwere Grippe eingefangen.«

»Plötzliche Grippe«, lästerte er ungläubig.

Das Knarzen des Bettes, als er sich auf die andere Seite wuchtete, klang unmissverständlich.

»Genau. Gute Nacht.«

Im Laufe der Nacht bekam ich Schüttelfrost, Schweißausbrüche und erneut Kopfschmerzen, doch Peter überhörte mein Stöhnen geflissentlich, bis er mich im Morgengrauen sah. Ich muss wohl ausgesehen haben wie das erste Licht des Tages. Besorgt stieg er aus dem Bett und war ab sofort der beste aller Ehemänner. Und Krankenpfleger.

In aller Früh schleppte ich mich zum Telefon. Wie befürchtet, fühlte ich mich völlig gerädert. Wenn man über vierzig ist und ohne Rückenschmerzen aufwacht, ist man tot, hat mir gerade vor Kurzem jemand gesagt. Auch ohne Grippe. Mit Grippe war es bestimmt noch schlimmer. Ein Blick in den Spiegel bestätigte meinen Verdacht: Ich hatte trotz noch vorhandener Bräune einen Teint wie nach einem dreimonatigen Urlaub in einer Tropfsteinhöhle.

Der Anruf musste vom Festnetz erfolgen, damit es nicht später einmal heißen konnte, ich wäre bei einer Hausgeburt gewesen und hätte mich deshalb krankgemeldet. Unwillig griff ich zum Hörer. Ich erinnerte mich an das bevorstehende nette Gespräch mit dem Chef, und gleich ging es mir noch schlechter. Für die nächsten beiden Dienste meldete ich mich krank.

Wieder im Bett ließ ich, mit Tee und Aspirin versorgt, den vergangenen Tag noch einmal Revue passieren. Leise beschlich mich das ungute Gefühl, dass schwarze Magie vielleicht doch etwas bewirken könnte.

Die Amazone
Auf keinen Fall ins Krankenhaus!

Noch voller Empörung aufgrund des eingeschriebenen Briefs, den ich am Morgen erhalten hatte, stieg ich am Nachmittag ins Untergeschoss hinab. Laute Musik und dichter Nebel umfingen mich, als ich nach kurzem Anklopfen die Tür zu Nicos Reich aufstieß. Ich marschierte, nein, balancierte quer durch den Raum zum Fenster und riss es weit auf. Auf dem Weg zurück erkannte ich deutlicher, worüber ich stieg: über halb gewendete Pullover, schmutzige Socken und Gläser, die unverkennbar nach Bier rochen.

Ein Wort von mir, und mein Mann, der zu fünfzig Prozent an der Misere beteiligt war, zumindest genetisch, würde mit Vergnügen hier aufräumen – im übertragenen Sinne. Aber das brachte uns auch nicht weiter. Immer selber nachdenken, das sagte schon Immanuel Kant, und der war kein Dummer. Ich weiß nur nicht, ob er einen spätpubertierenden Sohn gehabt hatte. Ich holte Luft.

In Erwartung einer dramatischen Szene wappnete sich Nico gleich einmal mit einem arroganten Grinsen. Das zog bei mir allerdings überhaupt nicht.

Eisiger als beabsichtigt keifte ich: »Heute sind drei Mahnungen von der Schule eingetrudelt – mit wie vielen weiteren müssen wir rechnen?«

Achselzucken.

»Komm, mach jetzt nicht auf blöd! Oder muss ich mir die ganze Tragödie allein zusammenpuzzeln?«

»Jetzt reg dich nicht gleich so auf wegen der drei Briefchen!«

»Nein? Weshalb sollte ich mich deiner Meinung nach sonst aufregen?«

Wieder Achselzucken. »Keine Ahnung. Wegen dem ganzen Plastikmüll …«

»Willst du mich verarschen, Nico?« Es half nichts, man musste sich sprachlich auf sein Niveau begeben.

Nico lenkte ein. »Nein, gar nicht, Mama.« Er seufzte. »Also wieder kollektives Familientrauma.«

»Ja, und wenn dein Erzeuger jetzt zur Tür hereinmarschiert, gibt's auch noch den kommunikativen Super-Gau!«

Ich setzte mich auf die einzig freie Stelle im Bett, zwischen Gitarre, Jausenbrett, Sporttasche und alten *Playboy*-Magazinen. Immerhin, nicht der allerletzte Mist. »Und, irgendein Abschluss in Sicht? Ein positiver, meine ich.«

Nico wand sich wie ein Regenwurm. »Ja, schon …«

Mit lauerndem Blick sah ich ihn an. »Zuck ja nicht wieder mit den Schultern! Also?«

»Sport.«

»Nein!«

»Doch.«

»Etwa auch Musik?«

»Weiß nicht.«

Herrgott noch mal! Zur Beruhigung in Hochglanzmagazinen blättern! Schließlich sagte ich resigniert: »Also, mit wachsendem Abstand zur Pubertät solltest selbst du checken, dass es ohne Leistung nicht geht.«

Nico zündete sich eine Zigarette an. Nico war Nichtraucher, er musste also ziemlich nervös sein. Es waren auch nicht seine

Zigaretten, sondern die seines Freundes, doch das spielte jetzt keine Rolle. Ich sah ihm zu, wie er hektisch am Glimmstängel zog. Inhalierte. Oh my God! In sechs Sekunden ist das Nervengift im Gehirn, wird Adrenalin ausgeschüttet und das Glückshormon Dopamin. Großartig. Die andere Seite ist, dass jede Zigarette das Lebensalter um fünf Sekunden verkürzt. Oder sind es fünf Minuten? Ich rechnete hoch. Gott, mein Sohn ist noch so jung! Und hundertzwanzigtausend Tote in Deutschland pro Jahr. Ich kannte mich aus, hatte erst jüngst eine Doku im Auto gehört und mir die Zahlen wegen meiner ältesten Tochter eingeprägt, die schon seit zehn Jahren an ihrem Sargnagel hängt. Je demonstrativer ich die Augen zusammenkniff, umso unverschämter blies er mir den Rauch entgegen. Angewidert wandte ich mich ab. Dreitausendachthundert chemische Bestandteile sind im Rauch, dachte ich mir. Aber ich sagte es nicht. Er wusste es ohnehin.

Nach unserer intellektuell tiefschürfenden und emotional hochgradig fordernden Diskussion rauschte ich ab und ließ ihn in seinem Chaos zurück. Obwohl ich es eigentlich hatte vermeiden wollen, war das Gespräch eskaliert. Dabei steckte Nico abgrundtief in der »Rue de Gack«, wie wir in Österreich eine miserable Situation elegant umschreiben. Das bedeutete noch drei Mahnungen. Mindestens. Wie im Vorjahr. Seltsamerweise hatte er sich damals überall verbessert, sogar ohne eine Nachprüfung einzufahren. Unweigerlich entschlüpfte mir ein Lächeln.

Seufzend stieg ich die Stufen hoch. Hinter mir wurde die Musik gleich um zehn weitere Dezibel nach oben getunt.

»Negermusik!«, zeterte Peter in der Küche mit fehlender *political correctness*.

Verärgert schüttelte ich den Kopf. Meines Wissens waren bei

der Gruppe Oasis keine schwarzen Stammesbrüder vertreten. Allerdings bezweifelte ich, dass Peter überhaupt wusste, welche Gruppe unter uns lärmte. Oder mit dem Namen Oasis etwas anfangen konnte.

»Negermusik«, lästerte er erneut, diesmal eindeutig, um mich zu provozieren. »Diese Klänge können einen zartbesaiteten Menschen in tiefe Agonie stürzen.«

»Sicher«, stimmte ich ihm zu. »Zum Glück brauchen wir zwei uns da keine Sorgen zu machen, nicht wahr?« Zu den Klängen aus Nicos Höhle bewegte ich mich aus der Küche. Ich hatte keine Lust, über die Mahnungen zu diskutieren oder mir pädagogisch wertvolle Sätze wie: »Nimm etwas Druck aus der Sache« oder »Wenn dir für Nicos Problem was substanziell Neues einfällt …« oder Ähnliches anzuhören.

»Sind wir lustig?«, rief Peter mir nach.

»Ob du lustig bist, weiß ich nicht, ich bin es nicht«, grunzte ich zurück. Man kann über Humor nicht streiten. Humor ist eine ganz persönliche Sache.

Im Morgengrauen rief Veronika an. Die Blase sei soeben gesprungen, aber sie habe noch keine Wehen.

»Gut, ich werde mich bald auf den Weg machen«, murmelte ich verschlafen ins Handy. »Wenn es schneller gehen sollte, ruf mich bitte noch mal an.«

»Ja, mach ich sicher.« Die sympathische Deutsche, die es aufgrund ihrer neuen Liebe nach Österreich verschlagen hatte, erwartete ihr zweites Kind. Bis vor wenigen Tagen hatte die durchtrainierte Reiterin noch auf dem Pferd gesessen.

Veronika wohnte nur ein paar Autominuten von mir entfernt, und das war wohl auch der Grund, weshalb ich wieder eingeschlafen war. Als eine Stunde später Peters Wecker klingelte, fuhr ich im Bett hoch. Im Bad standen wir uns gegenseitig auf den Füßen, dann machte ich mich auf den Weg.

Regen prasselte herab und erfüllte die Morgenluft mit dem süßen Geruch feuchter, frisch bearbeiteter Erde. Für Mai war es ziemlich kalt. Mit Schirm und Koffer lief ich zum Auto. Langsam setzte sich mein Spanier in Bewegung und reihte sich in den Morgenverkehr. Der Regen trommelte laut auf das Dach, während ich im Schritttempo auf das provozierende Rot der Ampel zurollte. Da meldete Veronika, dass sie nun gute Wehen hätte. Da sie über dem Termin war und auch die erste Geburt sehr flott gegangen war, rechnete ich mit einer kurzen Eröffnungsperiode.

Zehn Minuten später parkte ich vor dem Einfamilienhaus am Stadtrand von Graz. Der Regen hatte nachgelassen, nur hie und da klatschten einzelne schwere Tropfen aus den Dachrinnen träge auf die Steinfliesen. Ein dicker Tropfen erwischte mich am Nacken, bevor ich durch die unverschlossene Tür schlüpfte, und rann mir unangenehm den Rücken hinab.

Das Haus am Hang schien unbewohnt, nicht einmal der Hund hatte mein Kommen bemerkt. Ich kannte den Weg. Wie eine Einbrecherin schlich ich bis zur untersten Etage hinunter. Aus irgendeinem Grund vermutete ich Veronika und ihren Mann Bernd im Salon, der sich ebenerdig über eine gesamte Etage erstreckte.

Der hallenartige Raum wurde von einem prasselnden Kaminfeuer beherrscht. Davor rannte Veronika – von den heimeligen Wollsocken abgesehen völlig nackt – wie in Trance auf und ab. Die Teppiche waren zur Seite geschoben, und die rehbraune Ledergarnitur zierte eine Plastikfolie aus dem Baumarkt.

»Sag mir nicht, dass ich noch nicht unter der Geburt bin«, waren Veronikas Begrüßungsworte über eine nackte Schulter.

»Sieht mir nicht so aus«, lachte ich und begrüßte auch Bernd. Ich zog mich in den Gang zurück und schlüpfte in bequemere Jeans und Top.

Als ich den Salon wieder betrat, lag Veronika auf einem Badetuch am Boden vor dem Kamin. Ausdrucksvolle Augen von kräftiger grüner Farbe und mit braun umrandeter Iris musterten mich, während meine Finger sich vorsichtig an den Muttermund tasteten. Ich lächelte und nickte.

»Wie viel?«

»Tolle sechs Zentimeter. Du gehst es ja ganz schön rasant an.«

»Juhu!« Bernd klatschte in die Hände.

Während ich mich bemühte, die Herztöne zu finden, verließ er auf Zehenspitzen den Raum. Veronikas Bauch war für eine Zweitgebärende ziemlich prall und rund. Schon bei meinem letzten Besuch hatte ich in Übereinstimmung mit den Ultraschallbefunden ein großes Kind getastet. Mein neuerlicher Eindruck wurde bestätigt. Bernd maß immerhin knapp zwei Meter, das erste Kind und dessen Vater waren dagegen zierlicher gebaut.

Bernd legte Holz nach, und Veronika rannte wieder um die Sitzgarnitur. Plötzlich stoppte sie und ging unvermittelt vor der Glasvitrine in die Knie. Sie erbrach schwallartig, heftig. Ich riss das Laken vom Sofa, um das Gröbste aufzufangen.

»Ausgezeichnet!«, rief ich erfreut, obwohl die in reichlich Kakao aufgeweichten Cornflakes mit einem unerfreulichen Klatschen auf dem Boden landeten.

Veronika warf mir einen kurzen, verwirrten Blick zu. Aus ihrem offenen Mund tropfte geronnene Milch. »Ursula, du bist furchtbar!«, schnaubte sie, nahm das Badetuch entgegen und wischte sich über Hals und Gesicht. »Das waren das Müsli und die heiße Schokolade.«

»Offensichtlich. Nein ehrlich, ist ein gutes Zeichen.« Mein

Lächeln war offenbar so entwaffnend, dass Veronika unwillkürlich zurücklächelte. Bis sie an sich hinuntersah.

Das Hausfrauenauge wanderte über das braun gesprenkelte Laken, die cerealiendekorierten Vitrinenfüße und die schokoladeverzierten Socken. »Du meine Güte!«, stöhnte sie.

Veronika war nicht zimperlich, aber pingelig. Schon beugte sie sich gefährlich vornüber, um die Spuren des Müslis bis unter das Sofa zu verfolgen. Glücklicherweise setzte die nächste Wehe ein, und die drohende Tirade norddeutscher Kraftausdrücke erstarb auf ihren Lippen.

»Halb so schlimm«, beschwichtigte ich und machte mich rasch daran, die Reste des Frühstücks einzusammeln. Hier kam mir Bernd mit Eimer und Wischtuch zu Hilfe.

Veronika hielt sich an der Vitrine fest und veratmete die Wehe unter leisem Stöhnen. Dunkles Blut sickerte ihre Beine hinab. Nun würde es nicht mehr lange dauern, dachte ich und begann, Handschuhe, Kompressen, Nabelklemme und Nabelschere bereitzulegen.

Als ich gepresstes Atmen vernahm, bat ich Veronika kurz nachsehen zu dürfen, ob der Muttermund schon vollständig geöffnet war. Ich nickte zum Zeichen dafür, dass sie die Übergangsphase hinter sich hatte und der letzte Abschnitt begann. Veronika hockte sich vor den Kamin und dirigierte Bernd als Stütze hinter sich. Sie wirkte gefasst und konzentriert. Bevor sich die nächste Wehe ankündigte, schob ich Inkontinenzauflagen unter ihr Gesäß. Veronika presste, bis das Weiß ihrer Augäpfel aus den Höhlen trat.

»Pass auf«, riet ich, »hol weniger Luft. Schieb nur mit dem Bauch nach unten.« Der große Kopf musste die Scheide erst allmählich aufdehnen. Der Beckenboden der durchtrainierten Reiterin war elastisch, aber fest.

»Mach langsam, Liebling, wir haben alle Zeit der Welt«, murmelte Bernd in ihr Ohr. Für ihn war es das erste Kind, die erste Geburt.

Veronika nickte. Im Schein der Flammen funkelten ihre Augen kampflustig. Nach einer längeren Pause, in der nur das Prasseln des Feuers zu hören war, spannte sie sich erneut an. Holte Luft. Presste. Zentimeter um Zentimeter schob sich der blonde Kopf dem hellen Feuerschein entgegen. Drehte sich. Senkte sich. Dicke, runde Schultern folgten. Paul erblickte das Licht der Welt – und es war flackernd und Funken sprühend.

Gegen Mittag verließ ich das glückliche Paar mit dem fast viereinhalb Kilogramm schweren Jungen und machte mich zu einem verabredeten Hausbesuch in der Nähe auf. Eine junge Ärztin erwartete ihr drittes Kind und plante eine Hausgeburt. Es sollte unser erstes Gespräch werden. Die älteren Kinder waren im Kindergarten, und so hatten wir wunderbar Ruhe, die für sie wichtigen Details durchzugehen. Bis mich Bernds Anruf erreichte.

»Bitte komm sofort, Veronika hört nicht auf zu bluten!«

»Ja, klar, bin schon unterwegs. Leg ihr die Eiswürfel auf!«

Ich winkte der Ärztin, die mir mit einer Geste signalisierte, dass sie mir die Daumen hielt, und rannte zum Auto. Hier, an der Peripherie von Graz, war Gott sei Dank nicht viel Verkehr. Dennoch machte ich jeden zur Schnecke, der neben mir noch die Straße benutzte. Normalerweise gilt bei mir die Unschuldsvermutung, ich bin ja ein toleranter Mensch. Hinter dem Steuer nicht. Nicht in existenziellen Momenten. Man ahnt nicht, wie dünn die Zivilisationsschicht werden kann! Ich war wenigstens so anständig, beide Fenster oben zu lassen.

Vor mich hin zeternd rätselte ich über die verspätete Blutung.

Gut, Paul wog viertausenddreihundert Gramm, aber das allein erklärte noch keine atonische Nachblutung. Die Gebärmutter war zwei Stunden nach der Geburt gut kontrahiert gewesen, die Blutung etwas stärker, aber im normalen Bereich. Auch bei der Plazentalösung hatte es keine Auffälligkeiten gegeben.

Zehn Minuten später stürzte ich in den Salon. Die lebenslustige Deutsche war nicht wiederzuerkennen. Wie aufgebahrt lag sie unter dicken Decken auf dem Sofa und hatte inzwischen die Farbe ihres Kopfpolsters angenommen, selbst die Lippen waren blutleer und weiß. Ich schob die Decken und den Eiswürfelsack beiseite und tastete nach der Gebärmutter. Sie war in höchstem Maße atonisch, also nicht kontrahiert. Auf dosierten Druck hin schoss helles Blut aus Veronikas Schoß.

»Scheiße!«, entfuhr es mir. Blitzartig angelte ich mir einen sterilen Handschuh aus dem Koffer. Als ich das Blut aus dem weichen Uterus drückte, verlor Veronika das Bewusstsein. Die Blutmenge, die aus ihr quoll, bescherte mir eine Gänsehaut. Und weiche Knie.

»Ruf die Rettung, auf der Stelle!«, herrschte ich Bernd an und wunderte mich, warum er das nicht längst getan hatte. »Und leg ihre Beine hoch, ich kann hier nicht auslassen.« Jetzt hätte ich natürlich vier Hände gebraucht. Meine Linke umfasste von außen durch die Bauchdecke Veronikas schlaffe Gebärmutter und drückte sie gegen meine Rechte in ihrer Scheide. Ziemlich brutal. Veronika öffnete die Augen, verdrehte sie aber wieder.

»Schieb den Koffer her, du musst mir eine Infusion richten. Rechts unten ist der Beutel Voluven, daneben das Infusionsbesteck.«

Bernd war Heeressanitäter gewesen, wie er mir heute Vormittag stolz erzählt hatte, deshalb traute ich ihm zu, diese Aufgabe zu bewältigen. Er hatte die Infusion auch im Nu zubereitet.

Daneben tätschelte er immer wieder Veronikas Wangen, damit sie nicht wieder das Bewusstsein verlor.

»Den grünen Venenkatheter und das Klebeband daneben.« Ich nickte zum Plastikeinsatz des Koffers, den er neben uns auf den Boden gestellt hatte. Bernd fand beides und legte es auf Veronikas Brust.

»Bitte den Stauschlauch!« Ohne den würde ich in dem blutleeren Arm wohl keine Vene finden. »Jetzt lös mich hier ab.«

Bernd übernahm die Aufgabe, von außen die Gebärmutter zu komprimieren. Mit blutigen Handschuhen machte ich mich daran, eine Vene zu finden. Glücklicherweise klappte es schnell, und im Nu tropfte, nein rann der Plasmaexpander und füllte Veronikas Kreislauf auf. Ich zog fünf Einheiten des Kontraktionsmittels Syntocinon auf und spritzte sie in den Venenkatheter. Fünf weitere Einheiten spritzte ich in die Infusion. Mit gemischten Gefühlen tastete ich erneut nach der Gebärmutter. Wieder drückte ich Blutkoagel aus, die Gefahr war also noch nicht gebannt. Erfahrungsgemäß müsste das intravenös verabreichte synthetische Oxytocin schnell wirken. Schnell genug? Veronika schien es besser zu gehen, doch die Lage war immer noch besorgniserregend. Sofort ging ich erneut in die Vagina ein und presste die Gebärmutter mit der Linken gegen meine Rechte.

»Bitte ruf endlich die Rettung an, Bernd!« Meine Aufforderung klang nicht mehr freundlich. Ich wagte nicht, meinen Griff zu lockern, um selbst zu telefonieren. Nicht, bis die Blutung zum Stillstand gekommen war.

Bernd griff nicht zum Handy. Stattdessen schob er Veronika Globuli in den Mund.

»Arnika, das ist okay«, nickte ich. »Und gib ihr auch Ustilago.« Ich deutete, beide Hände immer noch an der Gebärmutter, auf den obersten Einsatz im Koffer, der nur den Aromaölen und homöopathischen Medikamenten vorbehalten war. »Und dann ruf endlich die Rettung.«

Veronika schüttelte den Kopf. »Es wird so gehen«, meinte sie leise, aber bestimmt.

Ihre Lippen waren nicht mehr so erschreckend blutleer, und auch ihr Blick war wieder fest. »Schon möglich«, räumte ich ein, »aber du wirst lange Zeit brauchen, um den Eisenspeicher wieder aufzufüllen.«

»Ich nehme ja doch keine Blutkonserve.«

»Bernd …!« Himmel, ich stieß hier wohl auf deutsch-österreichische Starrsinnigkeit!

Entschlossenheit kerbte Bernds Mundwinkel. »Veronika möchte nicht ins Krankenhaus.«

Das Feuer war inzwischen heruntergebrannt, die verkohlten Scheite spendeten keine Wärme mehr. Auch wenn die Zentralheizung weiterhin den Raum temperierte, fehlte die Hitze des Kaminfeuers. Bernd ging zu dem vor der Tür lagernden Holzstapel, suchte zwei große Scheite Buchenholz heraus und legte sie auf die Glut. Wir beobachteten, wie die Scheite prasselnd Feuer fingen. Das Feuer flackerte und sprühte Funken. Wie magisch zog uns dieses Schauspiel an, und lange starrten wir in die Flammen, die um das Holz herum in die Höhe leckten.

Summend fuhr ich nach Hause. Eigentlich hätte ich völlig fertig sein müssen, mit der Welt, dem Universum und dem ganzen Rest, doch ich war dankbar. Unendlich dankbar. Es hätte anders ausgehen können. Mit Blaulicht mit der Rettung ins Spital und dennoch zu spät. Die häufigste mütterliche Todesursache in der westlichen Welt sind atonische Nachblutungen. Ich kenne zwar keine der Frauen persönlich, aber mir sind namentlich drei Fälle bekannt, die dramatisch endeten. Einer tödlich, bei den beiden anderen konnte durch die Entfernung der Gebärmutter das Leben der Frauen gerettet werden. Allesamt Spitalsgeburten, wohlgemerkt. Schicksal, Bestimmung, Glück oder Unglück? Heute sterben in Österreich pro Jahr vier Frauen an den Folgen der Geburt. In Zukunft werden es mehr sein, denn der Kaiserschnitt birgt für die Mütter weit größere Gefahren als die Spontangeburt. Das ist mittlerweile hinreichend belegt. Geburt, die große Gefahr? Auch das ist längst eingebrannt in die kollektive Seele. Ein Dilemma, denn der Ausweg hieße einzig und allein: Verzicht auf Fortpflanzung.

Also, nicht gefährlicher als Autofahren, sagte ich mir. Aber das muss ohnehin jede Frau für sich entscheiden. Noch immer vor mich hin summend stieg ich aus dem Wagen und stand wenig später trällernd unter der Dusche.

Peter steckte den Kopf zur Badezimmertür herein. Ich lachte ihn an. Er grinste. Sofort schlüpfte er ins Bad. Ich angelte mir ein Badetuch und begann mich abzutrocknen. Langsam, spielerisch.

Peter drängte sich von hinten dicht an mich heran. »Willst du wirklich, dass ich dich hier, an diesem unromantischen Ort, glücklich mache?«

Ich spürte seinen heißen Atem an meinem Ohr, seine Hände auf meinen Brüsten und seinen überzeugendsten Mitstreiter in tieferen Regionen. »Nicht wirklich«, hauchte ich und rückte von ihm ab. Unser Bad war tatsächlich nicht romantisch.

Die Tageszeit auch nicht. »Wir könnten uns heute Abend ein Feel-good-Movie reinziehen – was meinst du?«, gurrte ich.

»Keine gute Idee, Mädel. Er ist nicht mehr zu vertrösten. Es sei denn …«

Ich wusste das Glänzen seiner Augen völlig richtig zu deuten. Nun, siebzig Prozent der Frauen gehen vor ihrem Partner regelmäßig auf die Knie. Wenn ich es mir überlegte, hatte ich Lust auf mehr.

Vom ansteckenden Oxytocinrausch – bis hin zum Oxytocin-Tsunami, dem wir bei manchen Geburten ausgesetzt sind – wissen auch Kolleginnen zu berichten. Mit anderen Worten: Wir Hebammen haben nach aufwühlenden Geburtserlebnissen oft den aufregendsten Sex!

Ungeachtet des großen Blutverlusts erholte sich Veronika erstaunlich schnell. Dieses Phänomen habe ich mehrfach beobachten können, auch hier hat die Natur auf einfache Weise wunderbar vorgesorgt. Ob man es glaubt oder nicht – schon wenige Tage nach der Geburt saß die junge Mutter wieder auf ihrem Pferd.

In allerletzter Sekunde
Ein kleiner King-Kong in Ljubljana hat es eilig

Das Publikum tobte. Die mächtige Taiko-Trommel übertönte es dennoch. Jeder Schlag saß, als wäre er ein Unikat. Mit kurzen Holzstäben bearbeitete der japanische Glatzkopf das Trommelfell der hüfthohen Trommel, die als Wohnort der Götter gilt. In Japan, so heißt es, trommelt man, um die Götter aufzuwecken. Auf diese Art musste das funktionieren. Es klang wuchtig und martialisch. Nicht nur mein Trommelfell schwang, mein ganzer Körper bebte. Mit jedem Schlag.

Stählerne Arme, gegrätschte Beine, ernster Blick: Der kahlköpfige Cheftrommler der Tenrindaiko-Gruppe hatte das Publikum fest in der Hand. Andächtig lauschte es jedem seiner Schläge, verfolgte es jede seiner beinahe anmutigen Bewegungen. Als er seine jüngeren Kollegen zum brachialen Trommelwirbel anfeuerte, vibrierte alles in mir. Es war ein Wunder, dass ich ein anderes Vibrieren, nämlich das in meiner Hosentasche, überhaupt bemerkte. Als ich die slowenische Nummer auf dem Display sah, winkte ich meinen Kindern zu und schlich mich aus der Vorstellung. Ich warf einen letzten Blick auf die Bühne, wo der Glatzkopf soeben zum Stakkato ansetzte – und fluchte über meinen Job.

Während ich das Grazer Orpheum verließ, wählte ich Irenas Nummer. Irena war Drittgebärende, lebte außerhalb von Ljubljana und spürte die ersten Wehen. Mit dem Handy am

Ohr hetzte ich zum Auto, das wieder einmal irgendwo geparkt war. Mögen andere Angst haben, den Volksgarten des Nachts allein zu durchqueren, ich hatte keine Zeit für solche Bedenken und nahm die Abkürzung mitten hindurch. Selbst polizeiliche Schwarzgurte in mindestens drei Disziplinen streiften dort nur paarweise rum. Shaolin war ja gerade sehr angesagt. Durchtrainiert bis in die Magenschleimhaut. Echte Mönche hätten mit den Dealern im Volksgarten vermutlich längst kurzen Prozess gemacht. Echte Mönche sind auch sonst kompromisslos. Und bescheiden, nicht nur bei Haarschnitt und Outfit – also seit Jahrhunderten dasselbe Orange mit demselben langweiligen Schnitt. Vielleicht ein Grund dafür, warum sie fünf Jahre länger leben als ihre Geschlechtsgenossen außerhalb der Klostermauern? Angeblich gilt das für alle Mönche.

Während ich mir diese und ähnliche Gedanken über Helden machte, auf die ich hier bestimmt nicht treffen würde, begegneten mir ein Afrikaner und drei Türken. In meiner fernen Zeit als Hebamme in einem Provinzkrankenhaus in unmittelbarer Nähe eines Asylantenheims hatte ich eine sehr spezielle Meinung zur Integrationspolitik. Mit welchem Gleichmut ich mir das jetzt alles ansah, welch praktische Distanz! Gleich darauf bogen grölende Jugendliche um die Ecke. Ebenfalls schwarze Stammesbrüder. Kein Problem, sagte ich mir und setzte zu einem letzten Endspurt an, etwas beeinträchtigt durch High Heels und definitiv zu enge Klamotten.

Unbehelligt erreichte ich mein Auto und startete los. Wenn bei teuren Wagen die Tür ins Schloss fällt, bleibt die Außenwelt ausgesperrt. Nicht so bei mir und meinem Spanier. Vom Straßenlärm bis zum Motorgeräusch lässt mich mein Toledo an allem teilhaben, und je schneller ich dahinfliege, umso lauter wird es drinnen, sodass ich wiederum die Musikanlage aufdrehen muss. Was meistens damit endet, dass ich sie wegen Kopfschmerzen irgendwann ausschalte.

Endlich hatte ich die Stadt hinter mir gelassen und reihte mich in den Abendverkehr auf der Autobahn. Die Freisprechanlage hatte ich eingeschaltet und nun reichlich Zeit, unter anderem meinen Mann zu informieren. Ohnehin telefoniere ich unterwegs stundenlang. Oder höre Musik, falls die vorgerückte Stunde meine Neugier, den letzten wirklich wichtigen Klatsch zu erfahren, brutal bremst. Dabei habe ich nur wenig Skrupel. Oft belästige ich Freunde bis Mitternacht, mir zu verraten, was wirklich unter uns bleiben muss. Nach 24 Uhr wage ich allerdings nur noch meine Tochter Nina zu stören. Nicht jeder hat Verständnis für meine Arbeitszeiten. Ist Nina auch nach fünfmaligem Anklopfen nicht erreichbar, kurve ich ziemlich frustriert durch die Gegend.

Kurz erklärte ich Peter den Sachverhalt und die Dringlichkeit meines Aufbruchs und somit den Grund, weswegen die Kinder die Straßenbahn nach Hause nehmen würden.

»Kennst du sie?«, erkundigte sich Peter.

»Nö.«

»Na bravo.«

»Was heißt: ›Na bravo‹?«, fragte ich gereizt.

Sein trockener Kommentar: »Das Vertrauen in die Hebamme muss offensichtlich grenzenlos sein«, ließ mir dann den Kragen platzen.

»Jetzt pass einmal auf«, ereiferte ich mich, »die Armen da unten hinter den Karawanken haben auch ein Recht auf eine natürliche Geburt. Und sie unternehmen gewiss die größten Anstrengungen, um sich das zu erfüllen. So nebenbei beruht das Vertrauen ja auf Gegenseitigkeit …«

»Du hast nie die Garantie, dass du das Geld auch bekommst. Oder verlangst du es etwa gleich, wenn du den Fuß in die Tür setzt?«

»Das meine ich nicht. Abgesehen davon gab es mit der Bezahlung bisher nie ein Problem. Ich meine ein anderes Vertrauen, ein wichtigeres …«

»Ah ja?«

Den süffisanten Einwurf überhörte ich geflissentlich. »Sie schicken mir alle Befunde und Infos …«

»Die du natürlich verstehst …«

»Auf Englisch. Slowenisch kann ich noch nicht.«

»So engagiert wie du bist, wirst du das sicher auch noch lernen.«

Ich legte einfach auf.

Ungefähr eine halbe Stunde nach ihrem ersten Anruf meldete sich Irena wie vereinbart erneut. Noch konnte ich umkehren und gemütlich nach Hause fahren, falls die Geburt zu heftig losging und abzusehen war, dass ich es ohnehin nicht rechtzeitig schaffen würde. Aber Irena versicherte mir, es gäbe keine Veränderung, sondern weiterhin leichte Wehen in großen Abständen.

»Okay«, sagte ich, »ruf mich aber bitte sofort an, wenn sich die Situation auch nur im Geringsten ändert, damit ich abschätzen kann, ob du nicht doch besser in die nächste Klinik fährst.«

Ich hatte ihre Adresse in meinem Navi eingespeichert und wusste, dass ich noch zwei Stunden unterwegs sein würde. Eine halbe Stunde später kam dann der überraschende Anruf, dass Irena die Blase gesprungen war. Oh oh, dachte ich, jetzt könnte es knapp werden. Doch die Wehen, beschwichtigte sie mich, seien die gleichen, da habe sich nichts geändert. Ja, noch nicht, dachte ich. Meine explizite Frage, ob sie tatsächlich zu Hause bleiben wolle, bejahte sie, und sie bat mich ausdrücklich zu kommen. Ich hörte heraus, dass die Frau auf keinen Fall vorhatte, die Klinik aufzusuchen, und gab Gas. Die Autobahn bis Ljubljana war kein Problem. Radarkontrollen gibt es in Slowenien kaum, und wenn ich in eine Falle tappen sollte, müsste Irena sie bezahlen. Das einzig Unangenehme ist der Geräuschpegel meines in die Jahre gekommenen Spaniers ab einer Geschwindigkeit von 120 km/h.

Nach einer knappen Stunde war es dann so weit. *»Hurry up!«*, war das Einzige, was Irena noch zwischen den Wehen hervorstöhnte, und die einzige Frage ihres Mannes Igor war: *»Where are you,* Ursula?«

Das konnte ich ihm so spontan gar nicht genau beantworten, jedenfalls befand ich mich noch auf der Autobahn unweit von Ljubljana entfernt. Aber nicht immer fand mein Navi auf Anhieb die slowenische Adresse. Ich konnte nur noch beten, dass ich rechtzeitig eintreffen würde.

In der Folge spielte sich dann beinahe eine weitere Telefongeburt ab, nur diesmal auf Englisch, was für beide Seiten wesentlich mühsamer war. Igor hatte sein Handy auf Lautsprecher geschaltet.

»Ich sehe den Kopf!«, rief er während einer der nächsten Presswehen.

Meine Güte, fluchte ich, das würde ich nie und nimmer schaffen! Das vorige Kind hatte über vier Kilo gewogen, und es war anzunehmen, dass dieses noch schwerer sein würde. Da waren Komplikationen vorprogrammiert. Warum hatte ich mich nur darauf eingelassen? Sicher, das Zetern kam etwas spät.

Mein Navi dirigierte mich von der Autobahn hinunter Richtung nirgendwo. Kein Haus, keine Siedlung weit und breit. Die Gegend gottverlassen, beinahe mystisch. Ich beschleunigte. Mit hundert km/h nachts auf einer unbekannten Straße entlangzurasen war allerdings nicht sehr spirituell.

»Ich glaube, der Kopf kommt raus«, rief Igor, leicht in Panik. *»What should I do?«*

»Okay, put your hand on when the head comes out. Try to slow down the expulsation. Irena should not press! Not press, okay?«

In das Stöhnen hinein verkündete die nette weibliche Stimme meines Navis, dass ich mein Ziel erreicht hätte. Aber wo, verdammt?! Offensichtlich das letzte Haus in einer Ansammlung von drei Anwesen, sofern ich dies in der rabenschwarzen Nacht erkennen konnte. Als ich meine Scheinwerfer ausdrehte, stand ich komplett im Finstern. Der Himmel war von einer so Furcht einflößenden Schwärze, dass ich erschauderte. Ich schnappte meinen Hebammenkoffer und nahm irgendwelche Steinstufen im Laufschritt.

Im Haus brannte auch nur spärliches Licht, doch unwillkürlich wusste ich, wo ich entlanglaufen musste. Ich stürzte auf die mir unbekannte, am Boden kniende Frau zu. Gerade rechtzeitig, bevor sich der mächtige Kopf durch die dick geschwollenen Schamlippen schob. Ich übernahm, gleich ohne Handschuhe, und Igor rückte erleichtert zur Seite.

Eine Weile tat sich gar nichts. Da Irena kniete, sah ich die Augen des Kindes in dem dicken, in Falten geschobenen Gesicht. Sie waren nur zwei Schlitze. Auch die Hautfarbe des Kindes war normal. Ich schob einen Finger seinen Hals entlang, um zu prüfen ob eine straffe Nabelschnurumschlingung vorlag, und als ich glücklicherweise keine vorfand, beschloss ich, in aller Ruhe die nächste Wehe abzuwarten. Bisweilen lässt die letzte Wehe ja auf sich warten, was die Geburt besonders spannend macht.

Da der Kopf aber keine Anzeichen zeigte, sich in einer Weise zurückzuziehen, wie es bei Schulterkomplikationen der Fall ist, blieb ich gelassen.

»Hi, Irena«, nutzte ich die Wehenpause, um mich vorzustellen, blieb aber in meiner Position hinter der Frau kniend.

»Hi«, lächelte Irena zurück, wobei sie den Rumpf leicht beugte.

Ich bat Igor um mein Sonicaid, das er gleich obenauf im Koffer fand. Mein Adrenalinspiegel stieg, als ich die langsamen Herztöne hörte. Gott sei Dank kam im Anschluss daran eine kräftige Wehe, und unter dem lauten Anfeuern ihres Mannes, der inzwischen das reinste Nervenbündel war, presste Irena den Körper des Kindes heraus.

Himmel, war das ein Bröckerl! Ich reichte Irena die geschätzten fünf Kilo zwischen ihren Beinen durch. Die Frau hockte sich auf die Fersen, als wäre nichts gewesen, und hob den Jungen auf. Inzwischen angelte ich mir aus dem Koffer einen Absaugkatheter. Nach kurzem Absaugen begann das Kind kräftig zu schreien. Irena lächelte selig, Igor lachte, und ich stimmte erleichtert ein.

Der Riesenkopf hatte einen Dammriss verursacht, den ich nach bequemer Lagerung der Mutter und Geburt der Plazenta nähte. Dann erst erhob ich die Maße des Kindes. Es gab keinen Zweifel, meine Digitalwaage zeigte 4 800 Gramm bei 56 Zentimeter Länge. Der Kopfumfang war mit über 38,5 Zentimetern auch so ziemlich das größte, was ich bisher bei Neugeborenen gemessen hatte.

Irena hatte keinen Diabetes, verriet mir aber beim anschließenden Abendessen, dass sie in den letzten Wochen täglich einen Kuchen gebacken hatte. Die Slowenin war zwar füllig, aber nicht dick. Zu den von Igor in der Zwischenzeit gekochten Spaghetti setzte sie sich frisch geduscht und mit großem Appetit. Wieder dachte ich mir, wie groß die Unterschiede bei den Frauen doch sein konnten!

Nach Mitternacht stieg ich ins Auto. Im Davonrollen trank ich ein Red Bull, das ich zum Munterbleiben immer im Handschuhfach habe. Es pusht mich für gute zwei Stunden besser als Cola oder Kaffee. Ich sah auf die Uhr. Zu dieser nächtlichen Stunde konnte ich wirklich nur noch meine Tochter Nina anrufen, sie ist die gleiche notorische Nachteule wie ich. Nur kurz Hallo sagen, nahm ich mir vor, da mir das Auslandsgespräch aus Slowenien nach Paris eigentlich zu teuer war. Nina war natürlich wach und saß am PC.

»Stell dir vor, die Frau stand eine halbe Stunde nach der Geburt dieses Monsters singend unter der Dusche!«, schwärmte ich.

»Hm, kann ich mir nicht vorstellen, nein.«

»Na ja, das habe ich zwar auch gemacht, wenn du dich erinnerst …«

»Ich war nicht dabei, Ursula, das ist Anna gewesen.«

Das stimmt. Bei der Geburt meiner Tochter Noa waren Anna und Nico dabei gewesen. »Aber ich habe auch keinen King Kong geboren. Noa hat 3600 Gramm gewogen, das ist schon ein Unterschied. Und ich hatte keine Geburtsverletzung.«

»Hmm«, meinte Nina nachdenklich, »ich kenne mich da nicht so aus und will eigentlich auch gar nicht wissen, wie das so ist. Noch nicht!«

»Na dann«, lenkte ich von diesem im Moment vielleicht nicht gerade Top-Thema ab, »schalte ich jetzt mal auf Musik um, okay? Bussi.«

»Ja«, lachte Nina, »hab noch eine gute Fahrt!«

Zwei Stunden später kam ich ziemlich erschöpft zu Hause an. Genervt betrat ich ein vom Keller bis in den Dachboden hell erleuchtetes Haus. Ich komme mit exakt drei Glühbirnen aus. Nicht, dass es mir auf die Stromkosten einer Glühbirne ankommt, ich bin in keinster Weise knausrig oder gar eine pedantisch wirtschaftende Hausfrau. Ich kann nur eine Ballsaalbeleuchtung im Wohnzimmer nicht ausstehen, vor allem, wenn keiner sich dort aufhält. Aber auch sonst nicht, ausgenommen, dass man etwas in der Größe einer Kontaktlinse sucht.

Einer Ahnung folgend, dass ein Bewohner noch wach sein könnte, stattete ich meinem Sohn einen Besuch ab. Er haust ja ziemlich unabhängig im Tiefparterre. Mit unabhängig meine ich losgelöst von jeglicher zivilisierten Form des Wohnens.

Das Untergeschoss lag in mystischem Dunkel. Nico war auch für den Gang verantwortlich, deshalb dachte ich sofort an eine defekte Glühbirne. Sein eigenes Reich erstrahlte nicht viel heller. Dennoch sah ich seine Botschaft – an mich, an seine Eltern, an jeden Erwachsenen, den er zum Establishment zählte. Unter Bett und Schreibtisch flockte der Staub, auf Letzterem hatten sich zusätzlich Essensreste mehrerer Jausenteller beinahe entmaterialisiert, aber eben nur beinahe. Halb und dreiviertel gewendete T-Shirts lagen verstreut und als Dekoration über Sessel, Gitarre und Schultasche verteilt. Inzwischen war es halb drei Uhr, aber Nico lag mit glücklicher Miene im Bett und las. Ich bückte mich nicht. Die Zeiten waren vorbei. Und ich nahm auch das schmutzige Geschirr nicht mit. Trotz des vermutlichen Engpasses an Trinkgläsern in der Küche.

»Du fürchtest wohl die Abstumpfung der Seele durch Wiederholung wie tägliches Aufräumen, hm?«, fragte ich, dann schloss ich leise die Tür hinter mir. Es war ohnehin nur eine rhetorische Frage. Nur bei zwei Dingen war sein Ehrgeiz zurzeit kaum zu bremsen: Eine Leidenschaft gehörte den asiatischen Kampfsportarten, und die andere stand mitten im Gang vor seinem Zimmer. Stahl und Chrom des Fitnessgerätes glänzten schwach im Schein der Stiegenbeleuchtung. Kurz überlegte ich, ein paar Übungen zu machen, entschied mich dann aber für das genaue Gegenteil von *Wie bleibe ich schlank und fit* und ging stattdessen in die Küche. Hunger war es bestimmt nicht, genau genommen lagen mir die Spaghetti schwer im Magen und sorgten bereits dafür, dass meine sonst locker sitzende Jeans unangenehm spannte. Am Bund, knapp unter dem Nabel. Eine trendig auf den Hüften sitzende Hose würde zwar den aufgeblähten Bauch nicht einschnüren, sondern darüberschwabbeln lassen, erforderte aber eindeutig mehr Selbstbewusstsein.

Ein Schälchen pikant marinierter Antipasti mit Ziegenkäse lachte mich an und war genau das Richtige zu einem Schluck Sauvignon und einem Happen Weißbrot. Etwas versöhnt stieg ich zu unserem Arbeitszimmer hoch. Ich war längst darüber hinweg, mir von einer Kalorie oder zwei, den Abend verderben zu lassen. Die fiesen Biester rotten sich ja sowieso immer wieder hinterhältig zusammen, um einen spätnachts noch zu überfallen, wenn man nichts ahnend und total unschuldig den Kühlschrank aufsucht, um einen Schluck Mineralwasser zu trinken.

Blieb noch ein kurzer Check meiner Mailpost, bevor ich mir eine ausgiebige Dusche gönnen wollte. Gmx meldete eine Reihe Mails und begann mit dem Herunterladen. So schnell würde ich heute nicht davonkommen. Und dabei bin ich nicht mal bei *Facebook*. Noch nicht. Doch auch meine Töchter können anscheinend nicht mehr ohne leben und halten mir – nicht ganz unberechtigt – auf meine Vorwürfe und Vorurteile hin vor, dass auch ich eine Homepage betreibe. Und damit transparent sei und Infos über mich preisgebe. Stimmt. Nur nicht jeden Tag neue. Mein Motto ist: so wenig Privates wie möglich von mir ins Netz. Um die Hoffnung nicht sterben zu lassen, man sei doch noch kein völlig gläserner Mensch.

Ich tummle mich auch nicht in irgendwelchen Foren. Dazu habe ich schlichtweg keine Zeit. Zwangsläufig gerate ich bei den Recherchen für meine Vorträge oder Bücher auch in solche Gruppen gemeinsamer Interessen. Nur selten finde ich dort eine Antwort, aber stets habe ich das Gefühl eines gewissen Zwangs. Ich hasse Gruppenzwang, doch hier ist es etwas anderes. In den Foren spüre ich förmlich die Angst der Leute, etwas zu versäumen. Es ist ähnlich wie bei den TV-Serien. Je banaler und geistloser der Inhalt, desto erfolgreicher sind sie. Es muss einen Grund geben, warum sie so beliebt sind. Reine Neugier kann es nicht sein, denn sonst hätten die Wetterprognosen die höchsten Einschaltquoten, da wird man ja immer überrascht. Offensichtlich steht der Mensch auf *never ending storys,* schließlich war schon Scheherazade damit höchst erfolgreich.

Ich möchte jetzt nicht den Eindruck vermitteln, als würde ich der Kommunikation per Fax und der Recherche mittels Meyers Konversations-Lexikon nachweinen. Das Internet ist großartig und Tante Google unschlagbar. Nur der Zugang zu diesem tollen Medium ist oft nicht ganz einfach. Manchmal bleibt er mir ganz verwehrt. Und ich verstehe überhaupt nicht, warum. Ich speichere, kopiere und archiviere immer nach dem gleichen Schema, ich halte mich an die Regeln. Mein PC nicht. Das geht so weit, dass er mir von Zeit zu Zeit den Mittelfinger zeigt, dabei aber so viel Anstand besitzt, sich irgendwann selbst aufzuhängen.

Dann sagt mein Mann mit lautem Seufzer und diesem gewissen Unterton in der Stimme, den er auch einsetzt, wenn mein

Auto nicht anspringt oder der Videorecorder nicht aufnimmt, was ich will, dass das Problem immer vor dem Bildschirm sitzt. Zwar bin ich als Frau von Natur aus komplexer verdrahtet als er, kann dies aber vor dem PC sitzend nicht ausspielen.

Als ich die zwei Dutzend Mails sah, überlegte ich, das Gerät gleich wieder auszuschalten und duschen zu gehen.

Aber dann blieb ich doch noch vor meinem PC kleben. Ja. Nein. Ja! Nein! Vielleicht. Nein. Doch. Oder? Schuhkauf. Dabei bin ich in meinem Konsumverhalten ziemlich eindeutig. Und forsch, fast draufgängerisch. Wenn ich beschließe, mir etwas Neues zu kaufen, was kein eigentlicher Beschluss ist, sondern eher das Ausnutzen einer zeitlichen Ressource im Stadtzentrum, dann steuere ich gewisse Läden ganz gezielt an: eine schicke italienische Boutique, dann H&M und Zara. Das wären schon mal locker drei Stunden. Für Schuhe bleibt dann meist keine Zeit mehr. Somit erlag ich der Versuchung, mal im Internet zu stöbern. Resigniert beschloss ich nach einer öden halben Stunde, es bei nächster Gelegenheit doch lieber wieder auf die konventionelle Art mit den Geschäften in der Stadt zu versuchen.

Aus dem Zimmer nebenan drangen die Sägegeräusche meines Mannes. Frustriert setzte ich mich mit einem Teller Antipasti und einem Glas Sauvignon – samt Flasche – vor den Fernseher, was ich circa dreimal im Jahr mache. Sonst herrscht das Jahr über des Abends ja Sauvignonkarenz, was nicht an den Kalorien der süffigen Rebsorte mit ungewisser Herkunft, aber weltweiter Verbreitung liegt, sondern an der in Österreich herrschenden 0,5 Promille-Grenze.

Ich war wild entschlossen, die restliche Nacht angenehm zu verbringen. Im Grunde ist das reine Willenssache. Manchmal hilft eine gute Flasche Wein dabei, denn speziell wenn das Wochenende naht, wird das Fernsehprogramm noch ein bisschen anspruchsloser, als es sowieso schon ist. Nach zehnminütigem Herumzappen blieb ich bei einem Western von Sam Peckinpah hängen. Er wirkte wie ein alter Tom-Waits-Song, kratzig und melancholisch. Man bedauert es sogleich, wenn er zu Ende ist. Aber er ließ mich immerhin das Thema Schuhe wieder vergessen.

Im Pförtnerhaus der Burgruine
Eine mystische nächtliche Odyssee

»Kennst du die?«, fragte ich meine Kollegin, unauffällig in Richtung der Begleitung eines uns bekannten Gynäkologen nickend. Die beiden betraten soeben die Halle. Die Kunststoffmaus war aufgeputzt wie ein Christbaum und für diese Feier für meinen Geschmack etwas overdressed. Doch es war Samstagabend, und vielleicht hatten die beiden ja noch etwas anderes vor.

»Ist seine Freundin, sein steiler Vorzimmerzahn in der Ordi.«

»Fesch, fesch, aber zu aufgedonnert. Und bestimmt zwanzig Jahre jünger als er.«

»Mindestens.« Carina schüttelte den Kopf. »Kein Stil, die Tussi.«

»Oh, hallo die Damen!« Dr. Hamid Bazargani, seines Zeichens ebenfalls Gynäkologe, näherte sich unserem Stehtisch mit einem Glas Sekt und einem weiteren Besucher. »Darf ich vorstellen: mein Kollege Kurt Heller, Intensivmediziner.« Und mit einem Nicken in unsere Richtung: »Meine beiden rechten Hände Ursula und Carina.«

»So, so. Und wenn die beiden nicht da sind, hast du nur zwei linke? Das erklärt einiges.« Kurt Heller zwinkerte mir zu.

Wir vier stießen mit Sekt und Prosecco an. Ich weiß nicht, wie lange der Herr Intensiv schon da war, aber er schien mir bereits recht angeheitert zu sein, da er sein Glas fast an meinem zertrümmert hätte.

»Sieht aus, als hätten wir euch bei einem ganz wichtigen Thema gestört«, meinte Kurt.

»Das ist prinzipiell richtig«, erwiderte ich, »macht aber nichts.«

Carina grinste. »Wir haben schon alle durchgehechelt. Wer mit wem halt und so.«

»Und so …«, lästerte Hamid. »Ihr in Europa leidet doch an vollkommener sexueller Überfütterung!«

»Ha, das sagst gerade du, als Perser!«, konterte ich. »Pardon, Iraner. Wenn ich den Fernseher andrehe, sehe ich nur lauter Kochshows.«

»Und Arzt- und Gerichtsserien, et cetera«, behauptete Hamid. »Und da geht's schließlich auch immer nur um das eine. Anbaggern, abschleppen und so fort.«

Kurt nickte zu Hamid: »Und dann wachst du auf und schwörst dir, nie wieder zu trinken. Wir kennen das.«

»Henny Youngman sah das entspannter«, warf ich ein. »›Als ich von den schlimmen Folgen des Trinkens las, gab ich sofort das Lesen auf‹, sagte er. Hatte wohl keine Probleme mit dem Tag danach.«

Kurt lachte. »Ja, ist anscheinend auf lauter tageslichttaugliche Göttinnen gestoßen. Aber wehe dir, wenn du am Tag danach Lily Munster auf dem Polster neben dir erblickst …«

Max, ein weiterer Gynäkologe, gesellte sich zu uns und hatte wohl Kurts letzte Worte aufgeschnappt. »Da bin ich ganz Ihrer Meinung.« Er hob sein Glas und prostete in die Runde.

»Du, mein Lieber«, verkündete ich und deutete auf mein Glas, »verbündest dich ja nur mit dem Zeug, um unsere Urteilsfähigkeit herabzusetzen und deine Chancen auf ein erotisches Abenteuer zu erhöhen.«

»Hat bei dir noch nie was genützt.«

»In Wahrheit ist es doch umgekehrt«, sagte Kurt und grüßte

nebenbei den geschäftsführenden Leiter des Sanatoriums. »*Wir* werden von *euch* ausgesucht. Ihr könnt das nur raffinierter verbergen, weil ihr komplexer verdrahtet seid!«

»Meine Worte«, nickte ich anerkennend, »ich meine das mit der Verdrahtung.«

»Uh, ein ganz Schlauer, der uns durchschaut hat«, lachte Carina und harpunierte mich mit ihrem Ellbogen.

»Habe ich bei der Ansprache was Wesentliches versäumt?«, erkundigte sich Max und nickte zur Bühne des Krone-Centers. Vor einer Stunde hatte dort die kollegiale Führung des Sanatoriums die Silbermedaille für *best health* in Österreich aus den Händen der Landesrätin für Gesundheit in Empfang genommen.

»Nö«, überlegte ich. »Die haben dich glatt vergessen. Deine Verdienste sind einfach nicht gewürdigt worden.«

»Schweinerei«, empörte sich auch Carina.

Kurt hatte sich kurz entschuldigt und kehrte mit einer Platte *Petits Fours* an unseren Tisch zurück. Mittlerweile war es halb elf geworden. Eine neue Runde Weißwein wurde serviert, und ich beschloss endgültig, mir später ein Taxi nach Hause zu nehmen. Langsam lichteten sich die Reihen, und man rückte enger zusammen. Unsere Runde erweiterte sich um eine Schwester des Sanatoriums und eine Gynäkologin. Wir erörterten gerade die Problematik fehlender Anästhesisten, als sich mein Handy rührte.

»Ein Blasensprung!«, witzelte Hamid.

Ich warf ihm einen vernichtenden Blick zu und verließ die Halle mit ihrer Geräuschkulisse. »Ja?«, erkundigte ich mich am Gang, denn die Nummer am Display war mir unbekannt.

Am anderen Ende hörte ich eine aufgeregte Frauenstimme: »Frau Walch, hier ist Lilo, ich habe Sie heute früh angerufen …«

»Ich weiß, Sie haben mich aufgeweckt.« Nein, das darf doch nicht wahr sein! Ich runzelte die Stirn. Darf ich nicht ein Mal ausgehen? Betonung auf *ein*.

»Sie sagten, ich solle mich melden, wenn ich Wehen hätte …«

»Und nun haben Sie Wehen.«

»Ja. Sie sind schmerzhaft, aber die Abstände noch sehr groß.«

»Lilo, ich bin hier gerade auf einer Veranstaltung …« Nachdenklich, nein: verdrossen blickte ich auf mein Weinglas. Himmel!

»Frau Walch, ich fahre sicher nicht ins Krankenhaus, ich habe ja nicht einmal einen Mutter-Kind-Pass!«

Holy shit! »Ja, ich weiß, viertes Kind, keine Untersuchungen, das sagten Sie mir schon.« Meine Güte, wer dachte denn, dass das heute sein würde! Unentschlossen sah ich mich um. »Gut, ich komme«, seufzte ich kaum vernehmlich und blickte resigniert zur Decke. »Den Weg haben Sie mir ja beschrieben, hinterm Schöckl Richtung Arzberg bis zur Ruine, richtig? Aber bleiben Sie in der Nähe des Telefons. Ich werde ungefähr eine Stunde brauchen, nicht wahr?«

»Etwas weniger, ja. Bis zwölf Uhr könnten Sie 's schaffen.«

Die zieht das alleine durch, sagte ich mir, das vorige Kind hatte sie auch alleine zu Hause geboren. Aber nun saß ihr die Angst im Nacken. Ich hatte so ähnliche Situationen schon ein paarmal erlebt und wusste, dass die Ängste dieser Frauen unbedingt ernst zu nehmen waren. Eine Alternative gab es nicht, keine Kollegin würde diesen »Fall« Samstagnacht übernehmen, noch dazu, wo ich die am nächsten wohnende Hebamme war. Da ging es um Kilometergeld und schnöden Mammon. Eigentlich eine unhaltbare Situation, die die nicht gerade ruhmreiche Haltung der Krankenkassen und ihre unmögliche Zahlungsmoral zeigte.

Im Vorbeieilen streifte ich die im Gang zur Schau gestellten und zuvor beworbenen Bilder. Na ja, über Geschmack ließ sich bekanntlich nicht streiten. Auf dem Weg zurück in die Halle grüßte ich die Frühschläfer, die die Arena bereits in kleinen Gruppen verließen. Wieder zurück an unserem Tisch sagte ich bedauernd: »Leider, Hamid, du hast gar nicht so falsch gelegen.«

»Machst du Witze?«

»Sehe ich aus, als wäre ich zu Scherzen aufgelegt? Ich muss zu einer verflixten Geburt.«

»Nicht schon wieder!«, stöhnte Max. »Deine Frauen haben aber auch vor gar nichts Respekt!«

»Du sagst es.« Ich seufzte und begann mich zu verabschieden.

»Wer ist es denn?«, fragte Carina.

Ich zuckte die Schultern. »Eine Ungarin. Ich kenne sie nicht.«

»Du kennst sie nicht?« Entsetzen im Gesicht der Gynäkologin.

Ich schüttelte den Kopf. »Das kommt hie und da vor. Die Frauen sehen das ganz entspannt. Diese rief mich in aller Früh an, weil sie heute Geburtstermin hat. Das war ihr erster Anruf, wohlgemerkt. Aber ich hatte heute keine Zeit, zu ihr zu fahren, und sie wiederum hat kein Auto. Wohnt da irgendwo hinterm Schöckl, ich war noch nie in der Gegend.«

»Das wievielte Kind ist es denn?«, fragte Carina, während alle anderen nur den Kopf schüttelten. Keiner konnte nachvollziehen, warum ich mich auf so etwas einließ.

»Das vierte.«

»Dann geht's ohnehin flott«, grinste Hamid.

Im Gehen blickte ich noch einmal über die Schulter und sagte: »Da bin ich mir nicht so sicher. In drei Jahren vier Kinder zu gebären ist nicht so ohne. Ciao!«

In den Gesichtern der Zurückgebliebenen stand Unverständnis und Ablehnung. Vielleicht sogar ein bisschen Neid. Nun, es war mir völlig gleichgültig.

Im Foyer traf ich auf den Maler, der in den Gängen des Krone-Centers gerade eine Ausstellung laufen hatte. »Tja, tut mir leid, Guido, wird wohl nichts aus unserem Geschäft heute.« Ich zwinkerte ihm zu. »Dabei habe ich mich gerade mit Dr. Bazargani um die Frau im Pfauengarten gestritten …«

Guido grinste. »Die könnten Sie sich sowieso nicht leisten.«

»Dann könnten Sie sie mir ja schenken.« Ich winkte ihm zu. Neben dem Maler stand ein junges Paar, das mir einen verdutzten Blick zuwarf. Ich nickte dem Typ zu, der Cola trank und sich an der Taille seiner Freundin festhielt, für den Fall, dass Wind aufkommen sollte. »Wer weiß, vielleicht sind die Kunstwerke«, ich deutete ringsum, »in einem halben Jahrhundert sogar was wert. Dann freuen sich meine Kinder.«

Auf dem Weg zu meinem Wagen kramte ich in meiner Tasche nach dem Auto-Wohnungs-Garagen-Briefkasten-Schlüsselbund. Ich startete und fuhr los. Genervt stellte ich fest, wie viele Ampeln noch in Betrieb waren, obwohl um diese Zeit fast nur noch Taxis unterwegs waren. Zum Glück hatte ich das letzte Glas nicht getrunken, sonst würde ich jetzt bei einem Ali oder Sergej auf der Rückbank sitzen und eine Dreiviertelstunde lang rollende weiße Augäpfel im Rückspiegel seiner Dieselmühle sehen. Da fuhr ich lieber selbst.

Blöd war nur, dass mein Navi in Peters Wagen war. Gut, die Frau hatte mir den Weg heute Morgen geschildert, und ich hatte mir angewöhnt, die Wegbeschreibung immer in meinem Kalender mitzuschreiben. Während der engen Kurven auf den Schöckl hinauf, den Hausberg der Grazer, läutete das Handy. Ich drehte den CD-Player ab und hörte Lilo über die Freisprechanlage.

»Frau Walch, die Wehen kommen jetzt in kürzeren Abständen und sind schon stark.«

»Okay, ist kein Problem, ich bin schon fast auf dem Schöckl.«

»Gut, dann sind Sie ja bald hier. Nehmen Sie auf jeden Fall die Abkürzung durch den Wald, sonst ist es ein Riesenumweg.«

Kurz darauf stand ich an der besagten Kreuzung, die Lilo in unserem Telefonat erwähnt hatte. Ich las die Schilder, nickte und bog in den schmalen, mit Schlaglöchern gepflasterten Weg ab. Rundherum war dichter Wald. Ich kam nur langsam vorwärts. Es wurde immer gespenstischer. Meine Scheinwerfer warfen beunruhigende Schatten auf die Bäume und hauchten ihren Stämmen Leben ein. Gott, nur nicht stehen bleiben!, dachte ich mir. Beängstigend war, dass einem hier keine Menschenseele begegnete. Nicht zu nachtschlafender Zeit. Zu jeder anderen vermutlich auch nicht. Aber bei Tageslicht sah die Welt anders aus, weniger unheimlich …

Von der Abzweigung weg ging es stetig bergab. Dann endete der Wald abrupt, und ich atmete auf. Allerdings nicht lange, denn nun wurde ich von Nebelschwaden eingehüllt. Ich schlich noch langsamer dahin und spähte angestrengt in alle Richtungen. Der Nebel wurde immer dichter, bald konnte ich nur noch wenige Meter weit sehen. Wie sollte ich da die Burgruine ausmachen? Das Haus, in dem Lilo mit ihrer Familie wohnte, war das Pförtnerhaus der Burg und lag irgendwo an dieser schmalen einspurigen Straße.

Fluchend griff ich zum Handy und wählte, mich weiter die Straße entlangtastend, die letzte Nummer. Kein Netz. Na großartig! Wenn ich das nur geahnt hätte! Nun bekam Lilo ihr Kind wieder allein. Ungeachtet der schlechten Sicht fuhr ich schneller. Kriminell schnell. Die ungesicherte Straße schlängelte sich in engen Kurven bergab. Du riskierst hier dein Leben, nicht mehr und nicht weniger, dachte ich. Irgendwann machte ich, wie in Watte verpackt, das Ortsschild »Arzberg« aus und wusste, ich war zu weit. Noch immer kein Empfang. In welcher Scheißgegend war ich denn da! Suchend fuhr ich weiter. Unten im Tal war kaum mehr Nebel, aber alle Häuser lagen im Dunkeln. Ich sah auf die Uhr, es war genau Mitternacht. Meine einzige Chance war ein Gasthaus, das um diese Zeit noch offen hatte. Üblicherweise befindet sich in der Mitte eines Dorfes die Kirche und gegenüber das Wirtshaus. Ich steuerte den Dorfplatz an und sah tatsächlich der Kirche gegenüber ein Gebäude, aus dessen kleinen Fenstern gedämpftes Licht auf die Straße fiel. Unendlich erleichtert stöckelte ich mit meinen High Heels und in viel zu engem Rock die Stufen des Dorfwirtshauses hoch. Geschlossen. Der gusseiserne Türklopfer hallte laut durch die Nacht. Ich klopfte nochmals. Eine freundlich lächelnde Wirtin öffnete mir und ließ mich ein. Ich folgte ihr in die Wirtsstube, in deren rauch- und schnapsgeschwängerter Luft ich kaum etwas erkennen konnte. Es stank bestialisch. Auf das Stakkato meiner Absätze hin drehten sich mehrere Köpfe in meine Richtung. Die Runde rotäugiger Zechkumpanen starrte mich an, als wäre ich eine Erscheinung. In ihren umnebelten Hirnen überlegten sie wohl, welche Art von Panne ich gerade in der Nähe hatte, oder ob ich eines dieser hysterischen Luxusweibchen war, das nach einem Streit aus dem Ferrari springt.

»Darf ich bitte ganz schnell Ihr Telefon benutzen?«

Belustigt deutete die Wirtin mit einem Kopfnicken hinter den Tresen. Ich wählte die letzte Nummer vom Display meines Handys.

Lilos Mann meldete sich mit aufgeregter Stimme, nachdem ich erklärt hatte, wo ich mich befand. »Sie sind zu weit gefahren. Haben Sie denn die Ruine nicht gesehen?«

»Bei diesem Nebel! Unmöglich! Also …« Wie stark war denn das?

»Kommen Sie bitte so schnell es geht!«

Hilfe suchend sah ich mich um. Die Schluckspechte schauten mich immer noch entgeistert an. Schließlich wandte ich mich an die Wirtin: »Ich bin die Hebamme, ich muss dringend zur Geburt ins Pförtnerhaus. Also zu der Familie, die im Pförtnerhaus der Burg wohnt.«

Schweigen. Die Wirtin musterte mich von oben bis unten, doch die Kerle, die längst das glückselige Stadium erreicht hatten, sich über ihre eigene Dämlichkeit krumm zu lachen, stießen sich gegenseitig die Ellbogen in die Seiten. Vermutlich grübelten sie insgeheim darüber nach, was wohl der Witz an meiner Ansage gewesen sein mochte. Nur einer aus der Runde erhob sich mit trunkener Anmut, rückte sich seinen Gürtel zurecht und trat schwankend vor. »Ich mach das.« Sein Blick aus glasigen Augen wanderte mit dreister Anerkennung über meine Erscheinung. »Fahren Sie mir nach, Lady, ich führe Sie hin.«

Die Zechkumpane feixten, nur die Wirtin schaute den Hallodri an, als wäre er nicht mehr ganz bei Verstand.

»Oh, das ist furchtbar nett von Ihnen!« Ich stöckelte hinter dem Kerl her, der sich schwankend wie ein Seemann zur Wirtsstube hinausbewegte.

Sein Fahrstil entsprach seinem Gang. Nun ging es die Serpentinen wieder hinauf, und nicht immer nahm er die engen Kurven so knapp, wie es nötig gewesen wäre. Ich hielt so viel Abstand, wie es der Nebel erlaubte, fürchtete aber jedes Mal, wenn ich ihn aus den Augen verlor, dass er bereits den Hang hinuntergekullert war. Lautlos, verschluckt vom dichten Nebel. Wider Erwarten hielten wir bald vor dem alten Steinhaus. Ich winkte ihm zum Dank, schnappte meinen Koffer und stürzte ins Haus.

Inmitten eines großen, halb leeren Raumes hockte eine nackte Frau auf dem Boden und krümmte sich im Wehenschmerz.

Geduldig wartete ich die Wehenpause ab. »Hallo Lilo, ich bin Ursula.«

»Hallo«, hauchte die Frau matt und strich sich eine blonde Strähne aus dem Gesicht.

»Freut mich, dass ich es offensichtlich doch noch rechtzeitig geschafft habe.«

Ich zog einen sterilen Handschuh aus dem Koffer und untersuchte sie. Hm. Neben Blasensprung stellte ich fest, dass der Kopf bei eröffnetem Muttermund noch nicht tiefer gekommen war. Da die Herztöne in Ordnung waren, beschloss ich zu warten. Doch weder Homöopathie noch aromatische Öle oder der starke Nelken-Zimt-Tee zeitigten irgendwelche Erfolge. Lilo wurde immer müder und teilnahmsloser. Sie saß nur auf dem Teppich, wiegte sich während jeder Wehe in den Hüften und stöhnte. Alle meine Ratschläge, vom Positionswechsel bis zum Rumspazieren, wurden geflissentlich ignoriert. Als auch nach einer Stunde keinerlei Fortschritt zu bemerken war, dachte ich laut über einen Abbruch der Hausgeburt nach.

Lilo weigerte sich strikt. Auch Alfred, ein hagerer Mittdreißiger mit langem Rastazopf, der bis dahin fortwährend eines der Kleinkinder herumgeschleppt und beruhigt hatte, sprach sich gegen eine Verlegung ins Krankenhaus aus.

»Okay«, willigte ich ein, »dann passt mal auf: Dass nichts weitergeht liegt einzig und allein daran, dass du vollkommen ausgelaugt bist. Das Kind ist groß, bestimmt über vier Kilogramm schwer. Weil du müde bist und keine *Power* hast, sind auch die Wehen zu schwach und lassen immer weiter nach. Ich kann aber nach Blasensprung und bei vollständig eröffnetem Muttermund nicht stundenlang warten, bis du ausgeschlafen und topfit bist. Wir probieren Folgendes: Ich hol aus dem Auto ein Red Bull und Traubenzucker. Dann gehst du unter die Dusche und erfrischst dich. Wenn dann ordentliche Presswehen kommen, kann Alfred unterstützend mitdrücken.« Ich sah Lilo tief in die Augen. »Wäre doch gelacht, oder?«

Lilo nickte, und ich ging zum Wagen. Wenig später hing die junge Frau wie ein Häufchen Elend in der Badewanne, Dusche gab es keine. Alfred und ich hatten zu tun, sie da wieder herauszubekommen. Presswehen stellten sich ein, doch Lilo nutzte sie nicht. Wir feuerten sie an, pressten sogar instinktiv mit, schnitten Grimassen, aber es half alles nichts.

»Du musst mitschieben, Lilo! Von alleine fällt das große Kind nicht heraus!«, rief ich bereits etwas genervt. Die Herztöne waren immer noch in Ordnung, aber ich fragte mich, wie lange wohl noch.

»Ja, ja, bei der nächsten«, lächelte sie.

Energisch schüttelte ich den Kopf. »Entweder du machst jetzt mit, oder wir lassen's – ist das klar?«

»Aber ich hab doch keine Kraft«, jammerte sie, und Tränen kullerten über ihre runden Wangen.

»So ein Quatsch!« Körperlich war der Frau auch nicht anzusehen, dass sie für eine Geburt zu schwach sein sollte. Sie war von mittelgroßer Statur und kräftig gebaut.

»Ich muss mich ausruhen, ich muss Kraft schöpfen und mich entspannen.« Trotzig schob sie ihr Kinn vor.

»Also ausgeruht hast du dich wohl genug. Aber gut«, lenkte ich ein, »entspann dich. So hat das keinen Sinn. Möchtest du ein Glas Bier oder Wein?« Das würde die Geburt zwar weiter verzögern, aber ich wollte ihr eine halbe Stunde gönnen und dann weitersehen.

»Ich will was rauchen.« Bittend sah Lilo zu Alfred. Der hagere große Mann nickte, zog sich an den Tisch zurück und drehte eine Zigarette. Schweigend zogen sie abwechselnd an dem Glimmstängel, und ich erkannte am Geruch, was Alfred noch ins Filterpapier gewickelt hatte. Es war nicht das erste Mal, dass ich so etwas erlebte, und bis jetzt hatte das THC immer gewirkt. Lilo saß entspannt an ihren Mann gelehnt, eine Presswehe nach der anderen rollte über sie hinweg. Und die Frau rauchte sich ins Nirwana! Ich konnte nicht anders, ich musste lachen. Die Situation war einfach zu schräg! Der Anblick der beiden wäre genau das Richtige für die Hardliner unter den Schulmedizinern. Ich kontrollierte die Herztöne, sie waren im grünen Bereich. Was sollte dem Kind auch zusetzen? Die Presswehen waren es nicht. Nach einer weiteren halben Stunde hatte sich die Situation nicht wesentlich geändert, obwohl der Kopf etwas tiefer gerutscht war, und ich kündigte an, die Hausgeburt abzubrechen.

Da erwachte Lilo aus ihrer Lethargie. »*Nem!*«, rief sie. »Nicht!« Sie raffte sich auf und lächelte mich an. Ich sah die Kampflust in ihren hellen Augen. Erbost warf sie den blonden Zopf auf ihren Rücken und presste.

Ich nickte ihr zu.

Dennoch hatte sie nicht die Kraft, dieses Kind hinauszuschieben.

»Hör mal, Alfred, jetzt bist du dran«, forderte ich den sehnigen Mann auf, bevor Lilo wieder lethargisch auf dem Teppich zusammenschrumpfen würde. Ich zeigte ihm, wo er mitdrücken sollte, und bei der nächsten Wehe versuchten wir es zu dritt. »Nein, nein«, beteuerte ich mit langsam zur Neige gehender Geduld, »so rührt sich gar nichts. Mit deiner ganzen Kraft, hab ich gesagt.«

Der Po des Kindes war durch den teigigen Uterus hindurch gut zu tasten, und ich legte Alfreds große Hände genau dorthin.

Als die nächste Wehe anrollte, bedeutete ich ihm, ordentlich mitzuschieben. Lilo stöhnte zwar, aber ich duldete keinen weiteren Aufschub. Vereint halfen wir dem Kind auf den Weg. Als der Kopf die Scheide füllte, bedeutete ich Alfred, abzulassen und Lilo auf die Knie zu helfen. Kurz darauf legte ich einen viereinhalb Kilogramm schweren Buben seiner völlig erschöpften Mutter in den Arm.

Müde machte ich mich auf den Heimweg. Noch immer lag Nebel in der Luft, wie Fetzen strich er an mir vorbei. Beklemmung verspürte ich keine mehr, denn langsam wich die Nacht dem Tag.

Trotz des guten Ausgangs der Geburt verfiel ich ins Grübeln. Als ich in den 80er-Jahren studierte, hieß die Wunderwaffe für uns Frauen: zurück an den Herd, zurück zur Natur. Wie Lilo und Alfred es vorlebten. Die Frauenzeitschriften propagierten »Stillen ist schön«. Die »Sanfte Geburt« und Rooming-in wurden entdeckt und Brotbacken und Körndl-Schroten wurden modern. An die Seite der ökologisch bewegten Aussteigerinnen traten zunehmend Esoterikerinnen. Der Zeitgeist suggerierte die Suche nach der großen Göttin, und Feministinnen warnten vor dieser neuen Weiblichkeit, die die Frauen weg von der politischen Aktion holte. Mit alldem konnte ich in meiner Sturm-und-Drang-Phase wenig anfangen. Irgendwann gegen Ende des Studiums kam dann die Besinnung auf Wahlmöglichkeiten, auf Selbstbestimmung. Jede ihre eigene Pionierin auf der Entdeckungsreise zum ICH … Mein Gott, was ist von den damaligen Visionen geblieben? Von den Möglichkeiten des Erfülltwerdens noch machbar? Lauter unangenehme Fragen …

Ich schaltete den CD-Player ein. Aber was bleibt einem denn wirklich? Wahrscheinlich nur, gute Miene zum bösen Spiel zu machen und die Hoffnung auf das Eldorado fahren zu lassen. *Shadow on the wall* dröhnte aus den Lautsprechern. Meine Stimmung hob sich umgehend. Einiges, nein, etliches ist noch machbar, sagte ich mir und stieg trotz Nieselregens aufs Gas, damit ich endlich nach Hause kam. Eine Zeit lang sah es so aus, als ob ich dem Unwetter entwischen würde, doch gleich hinter dem Ortsschild von Graz holte es mich endgültig ein.

Bei strahlendem Sonnenschein erreichte mich am darauffolgenden Tag auf der Zufahrt zum Schöckl der Anruf meiner Kollegin. Carina erkundigte sich nach dem Ausgang der Geburt vergangene Nacht.

»Ein Abenteuer, sage ich dir! Ich bin soeben zur Nachsorge hin unterwegs.«

»Was sind das für Leute? Bauern?«

Ich lachte. »Aber wo! Überbleibsel der Hippies – lieb und absolut friedlich. Er mit Rastafarischwanz bis zur Hüfte. Mit offenen Haaren würde er aussehen wie ein Reserve-Christus. Vermutlich ernährt er seine Haarwurzeln besser als sich selbst, nach den diversen Haarwässern Marke Bio in ihrem Bad zu schließen.«

»Die kommt nächstes Jahr wieder.«

»Nicht zu mir, nein, das werde ich ablehnen!«

Schließlich war diese Geburt schon grenzwertig gewesen. Keine Chance, lächelte ich und drehte laut Musik auf. Vor mir einer dieser voluminösen Geländewagen, deren einziges Erlebnis von Abenteuer die provisorische Schotterpiste der neuen Zufahrt war. Gesteuert von einer grazilen Blonden, die bestimmt eine überdimensionale Louis-Vuitton-Tasche spazieren führte. Nicht meine Klientel, zumindest nicht für Hausgeburten. Die Gnädige passte besser ins Sanatorium.

Am Fuße des Schöckls ein Endorphin-Süchtler in hautengem Trikot, das beinahe obszön wirkte. Bis ich eine Gelegenheit zum Überholen fand, strampelte er eine Weile auf dem Aluminiumdrahtesel vor mir her. Mein Respekt, er nahm die Steigung souverän, ich war ehrlich deprimiert. Mehr noch, wenn ich mir vorstellte, dass er vielleicht in Graz losgefahren war. Ich sollte heute Abend wirklich nicht ohne Pilates-Übungen den Tag beschließen.

Als ich nach dem Schöcklpass den dichten Wald verließ, blendete mich der helle Sonnenschein. Tief unter mir das Tal mit dem kleinen Ort. Die Gegend mit der auf halber Höhe gelegenen Burgruine, die man ohne Nebel tatsächlich schon von Weitem sah, war eindrucksvoll.

Bei meinem Eintreffen befand sich die gesamte Familie mit Ausnahme des Vaters im Bett, das den ganzen Schlafraum einnahm. Lilo thronte mit dem Neugeborenen in der Mitte, und um sie kullerten die drei älteren Kinder, die sich glichen wie ein Ei dem anderen. Ich krabbelte ebenfalls ins Bett, sah mir Baby Oskars Nabel an und tastete nach Lilos Gebärmutter. Alles stand zum Besten. Für eine schnellere Genesung empfahl ich Lilo Kräuterblutsaft aus der Apotheke, dann machte ich mich wieder auf den Weg.

Zu Hause besuchte ich meine Zweitälteste, um Hallo zu sagen und mich nach ihrem Tag zu erkundigen. Wir wohnen zwar sozusagen Tür an Tür, sehen uns aber nicht jeden Tag – wie das bei Nachbarn so üblich ist. Dass sie sich hie und da in unsere Küche oder besser gesagt in unsere Speisekammer verirrt, stelle ich an manch rasant schwindenden Vorräten fest, woran natürlich auch mein Sohn beteiligt ist. Sein Hunger – beziehungsweise eher sein Appetit – ist im Moment nur noch schwer zu finanzieren.

Es blieb bei einem kurzen »Hallo«, denn zu Besuch war eine Freundin, deren Faible für Markenklamotten ich nicht gutheißen konnte, seitdem ich wusste, dass die Hübsche nicht arbeitete und ihre alleinerziehende Mutter sich abstrampelte, um ihr das Studium zu finanzieren. Ihr halb verhungertes Gestell steckte in Edeljeans, die schon vor dem ersten Tragen die Abnützung jeder Arbeiterhose in den Schatten gestellt hätten. Die gut gebräunte Trägerin und die ausgebleichten kultigen Röhren sahen jedenfalls aus, als hätten beide an der legendären Rallye von Paris nach Dakar teilgenommen.

Mein letzter Blick schweifte über den Tisch in der kleinen Studentenküche, bevor ich leise die Tür hinter mir schloss. Fruchtfliegen kreisten mit trägem Besitzerstolz über der Obstschüssel mit Äpfeln, Litschis und Feigen.

Ich besuchte Lilo noch ein paarmal während ihrer Zeit im Wochenbett, bis ich sicher war, dass der kleine Kerl zunahm. Neben Oskar stillte sie noch das einjährige Kind, und auch die Zweijährige nuckelte noch hie und da an ihrer Brust. Da auch eine Woche nach der Geburt noch kein Kräuterblutsaft besorgt worden war, brachte ich das Elixier bei meinem nächsten Besuch mit. Überzeugt, dass Lilo in den nächsten Monaten keinen Arzt aufsuchen würde, legte ich ihr eindringlich ans Herz, bald mit einer vernünftigen Familienplanung zu beginnen, denn eine weitere Geburt innerhalb der nächsten drei Jahre wäre für sie und für das Kind eine echte Gefahr. Bei meinem letzten Besuch wies ich noch einmal verstärkt darauf hin. Schon damals hatte ich das Gefühl, dass meine Warnung nicht ernst genommen werden würde.

Ich versuchte, diesen Gedanken abzuschütteln, als ich aus dem Pförtnerhaus trat. Es war ein warmer Sommertag, und ich nahm die Gelegenheit wahr, der Ruine Stubegg einen Besuch abzustatten, in der immer wieder Burgspiele aufgeführt wurden. Von Vogelgezwitscher begleitet streunte ich durch die verlassene Burg. Die Kulisse war perfekt für mittelalterliche Szenarien. Meine Fantasie überschlug sich, und vor mir hüpften Burgfräulein, Ritter und Narr über die bemoosten Steine. In den von Birken gefilterten Sonnenstrahlen tanzten Schmetterlinge, und in der warmen, feuchten Luft lag etwas wie ein Zauber, der Hauch von Erfüllung.

Entspannt wie nach einer Meditation trat ich aus dem leichten Dämmerlicht auf den staubigen Parkplatz. Die Nachmittagshitze hatte sich azurblau aufgelöst.

Ein gutes Jahr später meldete sich Lilo wieder bei mir, wieder am letzten Tag, um den Geburtstermin herum. Aber ich blieb meinem Vorsatz treu und lehnte diesmal eine Betreuung ab.

Unter Palmen
Die wundersame Befreiung von zwei Jahren Wochenbettdepression

Wind kam auf und wehte staubige Erde gegen die Windschutz-scheibe meines Wagens. Kein Range Rover, nicht einmal ein Jeep, wie sie zu Dutzenden im Gelände und auf den schlecht befestigten Straßen abseits der Touristenpfade anzutreffen waren. Ein Seat. Da wähnte ich die häufigsten Ersatzteile auf der spanischen Insel. Zu dieser Zeit arbeitete ich auf La Palma, der »grünen Insel« im Atlantik, und ich graste sie mit einem dunkelblauen Toledo ab – ein bisschen Komfort musste sein. Im Vergleich zum Großteil dessen, was sich auf vier Rädern erlaubterweise fortbewegte, war er eigentlich bereits Luxus. Und viel zu temperamentvoll für die Haarnadelkurven, wenn eine Mehrgebärende mit Blasensprung auf der anderen Seite der Insel wartete ...

Mühsam kämpfte ich mich auf den lückenhaft asphaltierten Spurrillen einer Straße bergab, die diese Bezeichnung ebenso wenig verdiente wie der Ort den fantasievollen Namen »Valle de los higos«, Tal der Feigen. Ich sah weit und breit keinen einzigen Feigenbaum. Vermutlich hatten sie den terrassenförmigen Plantagen weichen müssen, als man noch ganz euphorisch jeden flachen Quadratmeter Land in Bananenanbaugebiet verwandelte. Und wo es nicht flach war, wurden Terrassen angelegt, Umrandungen betoniert und aus grauen, durchbrochenen Betonsteinen hohe Wälle gegen den Wind aufgezogen. Wind gibt es auf der Vulkaninsel überall, ergo auch die kilometerlangen Mauern. Sie hören dort auf, wo der hübsche Blumenschmuck an den Häusern und in den Gärten beginnt. Seit die EU vor Kurzem die Absatzhilfen für kanarische Bananen gekürzt hat, weint man bestimmt so kostbaren Gewächsen wie Feigenbäumen nach. Die noch dazu ganz ohne Mauern auskommen. Selbst ohne Terrassen.

Nach endlosen Kilometern vorbei an den besagten Einfriedungen in monotonem Grau, hinter denen Millionen saftig grüner Bananenblätter leuchteten, entdeckte ich das einzige Haus über den Klippen, eine hübsche Finca in kanarischem Stil. Sie gehörte spanischen Zuwanderern vom Festland, die es seit ein paar Jahren mit Bananenanbau versuchten und nun ihr zweites Kind erwarteten. Das Problem war nur: Die stämmige Frau hatte davor einen, wie sie meinte, grundlosen Kaiserschnitt gehabt und war wohl aufgrund der sprichwörtlichen Sturheit der Madrilenen nun nicht mehr bereit, auch nur einen Fuß in die Inselklinik zu setzen.

Langsam rollte ich auf das Anwesen zu. Über die weißen Mauern wogten blühender Oleander und Hibiskus in leuchtenden Farben. Ich versuche, zumindest immer ein Mal dorthin zu fahren, wo die Geburt stattfinden soll. Situationen, in denen ich um zwei Uhr früh irgendwo in der Landschaft stehe und nicht weiterweiß, weil mein Handy dort keinen Empfang hat und die Beschreibung mir bei den vielen Weggabelungen und Pfaden auch nicht weiterhilft, versuche ich, tunlichst zu vermeiden.

Aida und Jaime erwarteten mich bereits. Die Hunde offensichtlich nicht, denn als sie den Wagen hörten, stimmten sie ein ohrenbetäubendes Bell-Quintett an, das sich erst wieder beruhigte, als ich auf der Terrasse Platz nahm und mich nicht mehr rührte.

Im Schatten der ausladenden Markise saß ein betagtes Ehepaar, ebenfalls regungslos, jedoch offensichtlich aus anderen Gründen. Aus dem eisigen Lächeln, das sie mir in trauter Übereinstimmung zuwarfen, schloss ich, dass der Grund meines Erscheinens nicht willkommen war. Ich wurde Aidas zu Besuch weilenden Eltern vorgestellt und von ihnen mit steinerner Miene begrüßt. Mit einer Marlboro-gebeizten Stimme und einem bis zum Nabel dekolletierten T-Shirt hätte ich vermutlich nicht weniger Symphatie wecken können.

Dann verschwanden Aida und Jaime ins Haus. Nach einem Blick in die strengen Züge meines ergrauten Gegenübers – irgendetwas an der Lady erinnerte mich an Margaret Thatcher, vielleicht die Frisur? – erwog ich, kurz zu dem üppig wogenden Blumenbeet zu schlendern, ließ von dem Gedanken aber wieder ab, um die eingekehrte Stille nicht zu gefährden. Stattdessen betrachtete ich von der Terrasse aus die weiße, orange und lilafarbene Pracht blühender Callas und Lilien.

Als Jaime kurz darauf in der Terrassentür auftauchte, sagte ich: »Nett habt ihr es hier.« Das meinte ich ehrlich. Bis auf die Hunde. Die sieht man in der Regel zwar nicht, weil sie in den Fincas in Zwingern gehalten werden, dafür hört man sie. Vorzugsweise nachts. Kilometerweit. Wenn das Dutzend Köter wieder einmal beschlossen hat, gemeinsam den Mond anzuheulen. Oder den Polarstern. Die zur Kaninchenjagd gezüchteten schmalbrüstigen Gerippe besitzen nicht viele einnehmende Qualitäten, aber sie sind vermutlich die Einzigen, die der begehrten Jagdtrophäe durch die unwegsamen Gefilde erfolgreich nachstellen.

»*Sí*«, lachte Jaime, »Aida hat wirklich einen grünen Daumen.« Er legte seinen von der ständigen Arbeit in den Bananenterrassen dunkel gebräunten Arm um die runden Schultern seiner

Frau, die unter ihm aus der Tür schlüpfte. Dem Madrilenen sah man an, dass ihm die Arbeit in der freien Natur und das Leben auf dem Lande Spaß machten. Seine hellhäutige füllige Frau war wohl eher am häuslichen Herd zu finden. Ihre Augen und Haare waren sehr dunkel, fast schwarz, und standen im krassen Gegensatz zu ihrer hellen, von Sommersprossen gesprenkelten Haut.

»Wie schön! Ich wünschte, ich hätte das auch«, seufzte ich, »Leider habe ich kein so glückliches Händchen für Blumen, und meinem Mann liegt nichts an all dem Gemüse, wie er es nennt.«

Aidas mitfühlender Blick relativierte umgehend Jaimes Ambitionen im Grünen, nur Mrs. Thatcher ließ sich zu keiner solidarischen Geste hinreißen. Meine eigene Mutter hingegen verstand, warum Salon und Terrasse nicht botanisch dekoriert, sondern nur von einigen Windspielen geschmückt waren. Dennoch stand sie bei jedem Besuch aufs Neue fassungslos und mit zwei zuckenden grünen Daumen auf unserer großen Terrasse und malte sich wohl aus, wie es hier unter ihren fachkundigen Händen das ganze Jahr über üppig blühen würde. Noch unverständlicher war unsere vollkommen unbelebte Terrasse den einheimischen Topfpflanzenanhängerinnen, mit einem Wort: der halben palmerischen Bevölkerung. Denn unser Haus in kanarischem Stil war weder von Blumentöpfen umzingelt noch von wuchernden Farnen aus Ampeln belaubt. Dafür mischte sich des Nachts das zarte Klirren des Rosenquarzwindspiels in das ferne Rauschen der Wellen. Und wenn eine steife Brise vom Meer her wehte, klapperte auch das schwere Busch-Mobile aus Bambus.

Adrian, der zweieinhalbjährige Sohn des Paares, stolperte mit einem Rotkäppchen-Bilderbuch aus dem Hausinneren auf die

Terrasse. Nach kurzem Necken und Versteckspielen war er bereit, mich in die Geschichte der *caperucita roja* einzuweihen.

Aida servierte süßen *café con leche* und die landesüblichen Saharakekse. Während sie meinen porzellanenen Fingerhut mit dem schwarzen Lebenselixier füllte, hielt sie inne und sah mich an. »Wir haben Ina May Gaskin gelesen und sind uns ganz sicher: Wir gehen in kein Spital.«

Genau das hatte ich befürchtet.

Jaime nickte. »Schon gar nicht in dieses.«

La Palma besaß nur das eine, in dem auch ich arbeitete. Und in dem Aida der traumatisierende Schnitt zugefügt worden war, der sie körperlich wie seelisch so tief verletzt hatte. Und sie für jede folgende Geburt zum »Risikofall« werden ließ.

»Und Teneriffa?«, fragte ich überflüssigerweise, wie Aidas Blick sofort klarstellte.

Ihre schwarzen Augen sagten: Dort ist dasselbe in Grün. Konservative Ärzte, steigende Kaiserschnittraten. Fossile Relikte wie Routinedammschnitt und Rückenlage. Und eine zehnprozentige Chance, nach einem Kaiserschnitt tatsächlich eine Spontangeburt zu erleben. Nicht viel.

Nur die Eltern klammerten sich sofort an diese Möglichkeit. »Wir würden euch bei einer Entbindung in einer Privatklinik finanziell unterstützen«, beeilte sich die Mutter zu versichern. Die Chance auf eine Spontangeburt sank auf zwei Prozent. Vermutlich würden sie sich die in der Privatmedizin absahnende Ärzteschaft vom Mund absparen müssen. Doch hier galt es, Schlimmeres zu verhindern. Alles, nur keine Hausgeburt, bestätigte auch der Blick des Vaters.

»Nichts gegen Sie, meine Liebe«, ereiferte sich Mrs. Thatcher, »aber ich kann einfach nicht verstehen, weshalb man unbedingt ins vorige Jahrhundert zurückfallen will.«

Solche Attacken gegen die Hausgeburt reizten mich immer. Hausgeburt ist gefährlich, sie ist stigmatisiert. Und die Hausgeburtshebammen sind die schlimmsten von allen. Unwillkürlich dachte ich an das ausgehende Mittelalter und seine Hexenammen. Mein Gegenüber hätte bestimmt in der ersten Reihe gestanden, um die verurteilte Hexe brennen zu sehen. Nun, man konnte darüber diskutieren, ob ein Zustand nach Kaiserschnitt eine ideale Voraussetzung für eine Hausgeburt war. Konnte man. Aber Aida und Jaime wollten das nicht. Aus gutem Grund.

»Ihrer Tochter geht es nicht sehr gut, Señora Perez«, sagte ich. »Sonst hätte sie nicht zwei lange Jahre unter dieser Zwangsbeglückung gelitten, hätte sie nicht Psychopharmaka …«

»Es war ein Notkaiserschnitt, es ging um das Leben unseres kleinen Adrian!«

Vehement stellte Jaime seine Tasse ab. »Das behaupten sie immer – die Ärzte, das Personal, die getäuschten Eltern!«

Aida nickte, die dunklen Augen füllten sich mit Tränen.

Nur die eiserne Lady machte ihrem Vorbild alle Ehre und fuhr sich mit einer erhabenen Geste über das ordentlich gelegte Haar.

Das brachte mich noch nicht aus dem Konzept, im Gegenteil, wenn ich solcherart gefordert wurde, lief ich zu geradezu kreativer Wortbrillanz auf. Auch auf Spanisch. Kein Problem. »Die größte Gefahr im Leben, sagte Alfred Adler«, ich sah meinem Gegenüber fest in die Augen. Der Spruch war gut, aber was, wenn keiner hier den Wiener kannte? Mrs. Thatcher sah nicht aus, als ob sie überhaupt irgendeinen Psychoanalytiker kannte. »Nun, die größte Gefahr im Leben, sagte er, ist, dass man zu vorsichtig wird.«

Aidas Mutter schnappte nach Luft.

»Man kann gar nicht vorsichtig genug sein im Leben.« Das kam von Mr. Thatcher.

Normalerweise verteidige ich die Hausgeburt ja glühend. Normalerweise. Hier stieß ich auf einen Madrider Härtefall. Und das im Doppelpack. Madames Satz: »*Bueno,* auch Sie werden noch dahinterkommen, dass die moderne Medizin ein Segen für die Menschheit ist«, ließ mich augenblicklich um gefühlte zwanzig Jahre altern.

Mit strenger Miene und bedeutungsschwangerer Stimme sagte Jaime: »*Mamá,* wir haben uns entschieden. Das Kind wird hier geboren, mit oder ohne Ursulas Hilfe. Habt ihr noch Fragen?«

»An die Hebamme nicht, aber einen Gynäkologen hätten wir gerne allerhand gefragt.«

Das saß. Ich schluckte. Der Saharakeks blieb mir im Hals stecken. Jaime und ich wechselten einen Blick, beide dachten wir: den Schnippler, natürlich! Der Keks war lästig. Um nicht zu krächzen, griff ich nach dem Wasserglas. Das half mir auch, dem äußeren Schein nach gelassen zu bleiben.

Jaime verschwand und kehrte kurz darauf mit einer Flasche Rheinwein und schmalen Gläsern zurück. Als er den Eltern eine *copa* einschenkte und in ihre Mienen sah, verzog er das Gesicht, als hätte er den Säuerling schon intus.

Nach einem Glas des herben Exoten, der ganz der allgemeinen Stimmung entsprach, verabschiedete ich mich und ging mit Aida und Jaime zum Tor. Sofort begannen die Hunde zu kläffen.

Außer Hörweite wandte ich mich nochmals um, um Adrian zu winken. »Wann fahren sie denn wieder?«

Jaime seufzte. »Ich möchte sie nicht fragen, weil wir momentan eine kleine kommunikative Durststrecke durchleben.«

»Bei uns nennt man das Streit«, schmunzelte ich.

Das sahen die beiden nicht so entspannt. Aida hatte immer noch tränennasse Augen.

Jaime zuckte die Achseln. Es sah aus, als hätte er längst resigniert. »Mit der Zeit werden sie schon nachgeben.«

Ich kramte nach meinen Autoschlüsseln. »Zeit ist nur eine Illusion.« Auch mit Einstein würden die beiden Alten nichts anfangen können. Aber irgendwann mussten sie schließlich wieder abfliegen.

Aida und Jaime winkten mir noch lange nach. Noch war nichts entschieden, sagte ich mir, als ich in den Rückspiegel sah. Mrs. Thatcher war auf jeden Fall ernst zu nehmen. Allerdings schätzte ich die beiden nicht so ein, als ob sie es sich noch einmal überlegen würden. Im Gegenteil: Sie würden die Geburt auch ohne mich durchziehen, daran hatten sie, auch vor Dritten, keinen Zweifel gelassen. Also allein, denn ich war die einzige Hebamme auf der Insel, die außerhalb des Krankenhauses arbeitete. Keiner der konservativen spanischen Ärzte wollte glauben, dass Frauen in der heutigen Zeit zu einer Hausgeburt überhaupt imstande waren. Noch dazu nach einem Kaiserschnitt. Aber es kam immer wieder vor, im Sommer, wenn ich die Insel für mehrere Wochen verließ, dass Frauen ihr Kind alleine zu Hause zur Welt brachten.

Nun gab es ein Paar, das sich vor zwei Jahren gutgläubig in das Inselspital begeben hatte in der Meinung, sie könnten mit etwas Nachdruck ihre Vorstellungen einer Spontangeburt umsetzen. Doch spontan war an dieser ersten Geburt rein gar nichts gewesen. Außer vielleicht nach kurzer Zeit um ein Uhr früh die verwunderliche Entscheidung des Arztes, einen Akutkaiserschnitt anzuordnen, weil er einen Sauerstoffmangel witterte. Vermutlich wollte er sich nicht die ganze Nacht um die Ohren schlagen und auch die genervte Hebamme erlösen. Fest steht, dass der Dilettant im Kreißsaal am Ende seiner schulmedizinischen Weisheit angelangt war, was im Normalfall nicht lange dauerte und nur gut auszugehen pflegte, weil die Natur für so ziemlich alle Eventualitäten bestens vorgesorgt hat. So auch für einen Sauerstoffmangel. Denn der reife geburtsbereite Fetus mag an allem möglichen Mangel leiden, nur nicht an Sauerstoff. Diese Ansicht hat sich leider bis heute noch nicht in den Kreißsälen der Welt herumgesprochen. Aber das ist eine andere Geschichte.

Da ich an der Quelle saß und leichten Zugang zu den Krankengeschichten hatte, war es nicht weiter schwierig gewesen, der ominösen Diagnose nachzugehen. Herausgestellt hatten sich bei meinen Recherchen neben der Richtigkeit von Aidas Darstellungen noch zwei bemerkenswerte Details. Erstens wurde die Conjugata vera unter der Kaiserschnittoperation vermessen und Aida mit dreizehn Zentimetern ein wahrlich gebärfreudiges Becken bescheinigt, zweitens war der niedrige ph-Wert des Kindes, auf den sich der Arzt mit seiner Entscheidung zum Notkaiserschnitt stürzte, ein Probenfehler. Alle übrigen Werte wie Apgar und Fersenblut-ph waren ausgezeichnet und führten die Diagnose ad absurdum. Verständlich, dass Aida diese Täuschung und Enttäuschung nur schwer verdaute. So kam es irgendwann in der zweiten Schwangerschaft zu jener Nacht, von der Jaime mir berichtet hatte.

Gegen Morgen, hatte er erzählt, war Aida aus einem Albtraum hochgefahren und hatte gerufen: »Ich will das nicht!« Sie war wütend aus dem Bett gesprungen und ins Bad gelaufen. »Kaiserschnitt light, Jaime!«, hatte sie gewettert. »Der sanfte Kaiserschnitt ist für die Babys nicht sanft und für die

Mütter nicht light, denn es gibt ein Leben nach dem Aufsäbeln!«

Danach hatte sie im Internet recherchiert, sich durch verschiedene Foren gearbeitet und ein Forum von Kaiserschnittmüttern gefunden. Sofort stellte sie den Kontakt zu einer Betroffenen her, und sie tauschten ihre Geschichten aus. Für beide wurde eines klar: Unser nächstes Kind kommt als Hausgeburt zur Welt. Nach hartnäckigem Suchen fand die Freundin auf dem Festland eine Hebamme, die Frauen nach dem Kaiserschnitt begleitet.

Unwillkürlich fiel mir mein erster Kontakt mit Aida ein und ich musste schmunzeln.

»Ursula Walch? *Hola!* Ich bin Aida. Ich bin auf der Suche nach einer Hausgeburtshebamme. Ich hatte beim ersten Kind einen Kaiserschnitt …«

»Aida, hören Sie …«

»Nein, bitte nicht gleich auflegen!«

»Ich stehe gerade halb nackt in einer Umkleidekabine.«

»Oh, bitte verzeihen Sie, ich rufe Sie später an. Adiós!«

Nach unserem ersten persönlichen Gespräch, bei dem sie mir nicht nur vom traumatischen Hergang bis zur OP erzählt hatte, sondern auch von ihrer Dauermedikation mit Psychopharmaka seit diesem Erlebnis, hatte ich beschlossen, Aida zu helfen. Ich hatte mich mit ihrem Hausarzt in Verbindung gesetzt, um die Medikamentendosis bis zur Geburt hin zu halbieren, und mit Aida vereinbart, Plazenta und Narbendicke im Vorfeld mit Ultraschall abklären zu lassen, um einerseits die Risiken gefährlicher Blutungen und andererseits das Rupturrisiko weitgehend auszuschließen. Im Übrigen hatte ich gehofft, dass Aida sich die Hausgeburt doch noch überlegen und nach Madrid gehen würde.

Nach ihrem Besuch bei mir hatte Aida eine Mail in ihr Notebook getippt. Jaime hatte über ihre Schulter spähend den Satz: »Mein Wunsch wird in Erfüllung gehen!« gelesen und mich freudestrahlend angerufen, um sich bei mir zu bedanken. Madrid war damit in weite Ferne gerückt.

Die Sonne stand bereits in ihrem Zenit, und das gleißende Licht brannte auf den staubigen Weg. Ich verließ das Tal der Feigenbäume wieder und wandte mich gen Osten. Als ich guten Empfang hatte, rief ich meine Lektorin und langjährige Freundin an.

»Ich habe wieder Stoff für dein Buch, Carmen.«

»Schieß los!«

»Mitte dreißig, eher klein, dicklich, Zustand nach Kaiserschnitt, keine Screenings, wild entschlossen zur Hausgeburt …«

»Hört sich doch toll an!« Ich sah förmlich Carmens strahlendes Lächeln vor mir, mit dem sie jeden für sich gewann.

»Toll, hm. Wäre ein gefundenes Fressen für die Hebammenjäger.«

»Hast du Bedenken?«

»Ich habe vor allem keine Wahl. Die macht es sonst allein.«

»Das kannst du unmöglich verantworten!« Das meinte sie ernst. Alles, was mit Hausgeburt zusammenhing, war für Carmen ernst. Bitterernst.

»Ha! Du stehst ja dann nicht vor dem Kadi! Also, du bist sicherlich keine Kandidatin für ein Magengeschwür!«

»Du auch nicht.«

»Ich bin mir da nicht so sicher.«

Gut, die Frau war füllig und nicht besonders groß. Alles, was wir sind, ist ein Resultat dessen, was wir gedacht haben, hat Buddha gesagt. Der indische Sprücheklopfer kannte Schokolade nicht. Abgesehen von Aidas Leidenschaft auch für andere

Süßigkeiten. Interessanterweise hatte sie keinen Diabetes. Zehn Zentimeter kleiner war in Spanien absolute Kaiserschnittindikation. Für einen Meter sechzig und Adipositas reichte es offensichtlich auch. Aber ich hatte die grandiosen Beckenmaße und die in der Schwangerenambulanz und vor dem Hausarzt geäußerten Absichten, dieses Kind im Notfall auch alleine zu Hause zu gebären. Moralische Nötigung sozusagen. Des Weiteren war vereinbart, Plazenta und Uterusnarbe mit Ultraschall abklären zu lassen. Es konnte also eigentlich nichts schiefgehen.

Etwas zuversichtlicher wählte ich ein paar Nummern, darunter auch die einer lieb gewonnenen Stationsgehilfin im Kreißsaal. Wider Erwarten hatte sie ihr Handy bei sich und wundersamerweise sogar eingeschaltet. Ihr Phlegma und ihre optimistische, beinahe an Unvernunft grenzende Einstellung war nach Mrs. Thatcher genau das, was ich jetzt hören wollte. Da sie auf der Strecke wohnte und zufällig zu Hause war, konnte ich gar nicht anders, als auf einen *cafécito* bei ihr vorbeizuschauen. Den *café solo* trank man ohnehin zehnmal am Tag aus den fingerhutgroßen Tassen. Außerdem erwähnte Nola einen frisch gebackenen *bizcocho*. Angesichts der Tatsache, dass die Palmerinnen auf keinem Gebiet so einfallslos sind wie beim Backen, war ein selbst fabrizierter *bizcocho* eine sensationelle Alternative zu den sonst überall angebotenen Saharakeksen. Denn auch die Ölkuchen sind an jeder Ecke käuflich zu erwerben. Das meine ich bildlich gesprochen. Nein, keine fliegenden Händler oder Strandverkäufer mit geflochtenen Körben. Die Inseln sind nur dem Breitengrad nach afrikanisch, sonst iberokanarisch, man zahlt mit Euro. Wir weinen doch unseren Krämerläden von anno dazumal nach und beklagen die öde, unpersönliche Supermarktatmosphäre rund um die Städte. Auf den Kanaren gibt es die Geschäfte noch an jeder Ecke, auch wenn manchmal schon »Spar« über der Tür steht. Und wie winzig der Laden auch sein mag, er führt garantiert neben einer spanischen Schokolade und mehreren Sorten Saharakeksen einen in einer nahe gelegenen Bäckerei erzeugten *bizcocho*. Fairerweise muss ich gestehen, dass ich die handgemachten Ölkuchen – neben einheimischem Wein und geräuchertem Ziegenkäse – ebenfalls hie und da kaufe. Die ungenießbare kanarische Joghurtmarke und die spanische Schokolade nicht. Letztere macht den Verzicht auf das Sucht erzeugende Corpus Delicti plötzlich ganz einfach und lässt Diätabsichten endlich Realität werden. Saharakekse kaufe ich prinzipiell nicht, nicht einmal für eventuelle einheimische Feinde. Es mag ja sein, dass die Kanaren die Massen an europäischen Touristen und Aussteigern eines Tages auch kulturell beeindrucken werden, aber ich bin felsenfest davon überzeugt, dass diese Glanzleistung nicht kulinarischer Art sein wird.

Fünf Minuten später hoppelte ich eine Sandpiste entlang und an deren Ende durch eine enge Toreinfahrt. Dahinter rückte Nola formatfüllend ins Bild.

Der erste Weg führte in die Klause ihrer pubertierenden Tochter Yanira. Den kanarischen Brauch, bei Besuchen sämtliche Familienmitglieder zu begrüßen, finde ich äußerst nachahmenswert, er zeigt einmal mehr, welche Bedeutung die Großfamilie auf den Inseln immer noch hat. Dass die Jugend dafür weniger Begeisterung aufbringt ist bedauerlich, aber bis zu einem gewissen Grad verständlich und darüber hinaus vorübergehend. Ein Blick in die ungewollt einfallsreich, sprich: chaotisch eingerichtete Kammer genügte, dass Yanira sie fluchtartig verließ, gefolgt von einem subintellektuell dreinblickenden Schatten mit langen Haaren und hängender Jeans, die ihn sichtlich im Vorwärtskommen behinderte. Was vermutlich nicht seine einzige Unterlegenheit der Angebeteten gegenüber war.

»Ich denke, du willst dich nicht den Banalitäten des Lebens unterwerfen, richtig?«, rief ich Yanira nach, als sie mit einem entschuldigenden »Hola!« an mir vorbeihuschte.

Nola schloss die Tür hinter dem, was man gemeinhin Chaos nannte, und ging voraus in die Küche. Wir saßen immer in der Küche, auf Klappstühlen um einen überdimensionierten Tisch. Darauf türmte sich all die Pracht und Herrlichkeit aus den ganzjährigen palmerischen Gärten und Fincas. Orangen, Mangos, Weintrauben, aber vor allem Bananen. Bananen hatte hier jeder, zumindest gab es immer einen Nachbarn oder Cousin mit irgendeiner Terrasse, auf der das erste Exportgut der Insel angebaut wurde. Die Insel lebte von den Bananen. Wasser war reichlich vorhanden und nicht teuer, Chemie wurde tonnenweise zur Insel geschippert. Hoechst und Bayer verhökerten immer noch ihre mittlerweile im restlichen Europa längst verbotenen Gifte auf den Kanaren, als gebe es weder Greenpeace noch Seveso. Dass die penetrant für Stunden in der Luft hängenden ätzenden Schädlingsbekämpfungsmittel nicht gesund sein konnten, zeigten alarmierende Anstiege von Asthma, Neurodermitis und ähnlichen Plagen. Sie bewogen vor allem die zugezogenen Ausländer, sich im Norden in Höhen anzusiedeln, in denen der Bananenanbau klimatisch unrentabel war. Die typisch palmerische Lösung für die Verseuchung der Atemluft war das Schließen aller Fenster und Türen für den Tag der Giftattacke.

Während die kleine Espressomaschine pfiff und spuckte, erzählte ich von meiner Begegnung mit Mrs. Thatcher. Sofort fielen Nola noch eine Menge anderer Eigenartigkeiten der Madrilenen ein.

»Na ja, aber den Kaiserschnitt kann man ja nicht wegleugnen«, warf ich ein, als Nola verstummte und mit der heißen Kanne kam. Die winzige Espressomaschine wirkte in ihren großen Händen wie Puppengeschirr.

»Und?« Sie machte eine wegwerfende Geste, dann schenkte sie in die zur Puppenkanne passenden Fingerhuttassen ein. »Das siehst aber nur du so entspannt.« Nolas Zuversicht verblüffte mich immer wieder. Sie reichte mir einen Glasteller mit einem Riesenstück *bizcocho*. Kalorienmäßig der Ersatz fürs Mittagessen – der nächsten drei Tage. Aber er war saftig und dottergelb und aus fünf Eiern, wie sie stolz erklärte.

»Mein Gott, die Ewiggestrigen!« Ächzend ließ sich die korpulente Frau auf den Stuhl fallen. »Das hatten wir doch schon!«

Stimmt. Womit wir zur Tagesordnung übergingen und genüsslich die Kollegen in der Klinik durchhechelten.

»Und dein Ex?« Womit wir wirklich niemanden ausgelassen hätten.

Nola zuckte die Achsel. »In der Finca in Garafia …«

Wo er sich auch noch den letzten Rest seines Verstandes wegsoff. Alkohol war offensichtlich die Schlinge, an der er sich nach wie vor aufzuhängen versuchte.

Zwei Monate später läutete vor dem Morgengrauen mein Handy.

»Ursula, bitte komm!«, bat Aida. »Ich werde nicht ins Spital fahren.« Sie klang einerseits erleichtert, dass es losging, andererseits auch sehr ernst und entschlossen.

Seit einer Stunde hatte sie regelmäßige Wehen, und ich machte mich auf den langen Weg über den Pass auf die andere Seite der Insel. Als ich auf der Cumbre aus dem Tunnel fuhr, glaubte ich meinen Augen nicht zu trauen. Auf der Fahrbahn lag Schnee! Der gefährliche weiße Film kam auf dieser Höhe im

Winter nur wenige Male vor. Heuer war es dafür noch ziemlich früh. Meist hielt er sich nicht lange und verunsicherte die Autofahrer nur für wenige Stunden. Mich ebenfalls. Mit den Sommerreifen hatte ich Mühe, den Wagen bergab auf Spur zu halten, ohne zu bremsen. Mit einem mulmigen Gefühl im Bauch tastete ich mich auf dem Mittelstreifen entlang, bis ich ein paar Kehren weiter unten wieder auf trockene Fahrbahn stieß.

Mit den ersten Sonnenstrahlen bog ich in den Hof des Anwesens ein. Wie nicht anders zu erwarten, wurde ich vom Quintett lautstark angekündigt.

»Gott sei Dank bist du hier, die Blase ist gerade gesprungen!«, kam Jaime mir wild gestikulierend entgegen. Wie ich gleich darauf feststellte, war die Geburt bereits in vollem Gang.

Alles war perfekt vorbereitet worden. Kerzen und Duftlampen waren liebevoll arrangiert, und aus den Lautsprecherboxen erklang der monotone Gesang Deva Premals. Seit dem Blasensprung empfand Aida die Wehen als schmerzhafter und schneller aufeinanderfolgend. Sie summte und stöhnte und wechselte von einer Position in die andere.

»Zu Mittag haben wir's«, ermunterte ich sie.

»Meinst du?« Aida wirkte erleichtert, weil die Geburt noch vor dem Termin spontan losgegangen war, konnte meine Vorhersage aber nicht so recht glauben. Auf mein Nicken hin lächelte sie etwas zuversichtlicher zurück.

»Und Adrian?«, erkundigte ich mich, insgeheim hoffend, dass er bei Freunden untergebracht war.

Aidas Blick Richtung Kinderzimmer zerstörte meine Hoffnung im Nu. Noch schlief er, aber das würde nicht so bleiben. Als Adrian schließlich aufwachte, war er nicht zu überhören. Dass Aida bei seinem Protestgeschrei gegen das Anziehen die Wehen nicht völlig vergingen, erstaunte mich wirklich.

Die nächste Hürde war das Frühstück. Aida legte sich in die Badewanne, und ich setzte mich zu Vater und Sohn an den Tisch. Das war ein Fehler. Klein Adrian zerbröselte zwei für mich getoastete Weißbrotscheiben, versenkte Kekse in unseren Fruchtsaftgläsern und schaffte es, trotz strengen väterlichen Blicks, den Joghurt auf dem Plastiktischtuch zu verschmieren. Erst nachdem eine Mandarine von ihm in mehr Teile, als sie Spalten gehabt hatte, zerpflückt worden war, schien sein Spieltrieb endlich befriedigt.

Irgendwann konnte sich Jaime wieder um seine Frau kümmern, sie streicheln und massieren. Ich zeigte ihm, wie er ihr den Wehenschmerz mit einer Art Druckpunkt-Massage erleichtern konnte, und bereitwillig befolgte er die Anregung.

Als die Wehen heftiger wurden, stieg Aida wieder aus der Wanne, um ein wenig herumzulaufen. Die Geburt ging zügig voran, und drei Stunden später war der Muttermund vollständig eröffnet.

»Luisas Köpfchen liegt perfekt«, strahlte ich anlässlich meiner zweiten vaginalen Untersuchung.

»Heißt das, dass ich schon pressen kann?«, fragte Aida.

Ich nickte. »Schieb aber nur mit, wenn du wirklich einen starken Drang verspürst.« Den hatte sie aber noch nicht.

Die Quechua und Aymara in den Anden beobachten den Verlauf der Geburt mittels Pulsdiagnose. Genial. Keine Keimverschleppung, keine Belästigung. Kein Ausgreifen und Herumfingern, würde Carmen sagen, kein Begrapschen sagt Tere, meine feministische Palmerin, und denkt an die fast ausschließlich männlichen Gynäkologen im Hospital. Bei mir ist es so, dass ich es *höre*. Ich höre, wenn etwas weitergeht, wenn die Wehen an Intensität zunehmen, wenn der Pressdrang einsetzt. Dann untersuche ich, um Rotation, Konfiguration und Höhenstand in einen Zusammenhang zu bringen. Und ertaste, was ich wissen möchte. Ich muss dabei nicht viel sehen. Manchmal ist es in den Räumen ohnehin zu dunkel, um überhaupt etwas erkennen zu können.

Ich nahm mein Sonicaid zur Hand und wartete die nächste Wehe ab, um die Herztöne zu kontrollieren. »Wir haben überhaupt keine Eile, Aida«, murmelte ich.

»*Du* vielleicht nicht«, stöhnte Aida, als die nächste Wehe anrollte. »Ich schon!«

Ich nickte. »Kann ich mir gut vorstellen. Ich bin auf Luisa auch schon sehr neugierig.«

Gespannt hörten wir alle drei Luisas Herztönen zu. Die Kleine war munter und lebhaft. Dem Höhenstand nach zu urteilen, war das Köpfchen gerade dabei, sich dem Becken anzupassen, aber das machte dem Kind nicht das Geringste aus. Lächelnd steckte ich den Fetal-Doppler wieder in die Tasche.

Heftigere Presswehen setzten ein. Aida lief auf und ab, klammerte sich während der Wehen um Jaimes Hals oder ließ sich auf dem Hocker nieder. Am liebsten aber beugte sie sich im Stehen über die im Salon befindliche Wickelkommode. Während einer solchen Presswehe konnte ich den in die Scheide eingetretenen Kopf von unten bereits erkennen.

Jaime und ich scherzten und rätselten über die Haarfarbe des Kindes. Angeblich hatte er als Kind blondes Haar gehabt. Bald sah auch er zwischen Aidas Beine kniend Luisas dunklen Schopf. Die Herztöne waren in Ordnung, der Kopf fast auf dem Beckenboden. Jaime lachte, und ich spürte seine große Vorfreude. Dass Aida immer einsilbiger wurde, beunruhigte mich zunächst nicht. Schon oft hatte ich bei Gebärenden an diesem Punkt diese Ruhe vor dem Sturm beobachtet. Erst als sie ganz regungslos dastand, sah ich auf die Uhr. Plötzlicher Stillstand in der

Austreibungsphase. Keine Wehen mehr. Die über die Wickel-kommode gebeugte Frau wirkte wie aus dem Konzept gebracht, verunsichert, ängstlich. Instinktiv erkannte ich, dass hier nur noch Psychologie helfen konnte. Dennoch gab ich ihr zunächst Pulsatilla in hoher Potenz.

»Damit du besser loslassen kannst, okay?«

Aida nickte. Im Vorfeld hatten wir alle möglichen Situationen besprochen, also auch Wehenschwäche und verzögerte Geburt. Und ebenso alternative Methoden, die Wehen in Gang zu bringen oder zu verstärken.

Dass der Geburtsstillstand im Zusammenhang mit der belastenden Vorgeschichte stand, war eindeutig, denn bis jetzt war Aida sehr zuversichtlich gewesen. Nun war sie aber an jenem Punkt angelangt, an dem sie damals mit dem plötzlichen Beschluss zum Kaiserschnitt überfahren worden war. Nein, nicht überfahren. Aida hatte es wie eine Vergewaltigung empfunden.

Ich hatte gedacht, dass wir die erste Geburt in unserem langen Gespräch aufgearbeitet hätten. Nun, das war bei Aida aber offensichtlich nicht der Fall. In allen Geburtsvorbereitungskursen erzählte ich den Leuten immer wieder, dass Geburt im Kopf stattfindet. Hier lief gerade das anschaulichste Beispiel dafür ab. Weder Adrenalinkick noch der auf dem Beckenboden stehende Kopf vermochten, irgendetwas gegen die Blockade auszurichten.

Wir gingen die ganze erste Geburt noch einmal durch, von der Ankunft in der Klinik bis zum vermeintlichen Notkaiserschnitt. Jedes Detail, vom unerwünschten Dauer-CTG und der viel zu frühen Blasensprengung, die in den folgenden Stunden wiederum Fieber bei der Mutter und eine Tachykardie beim Kind ausgelöst hatte, bis zur aufgedrängten Epiduralanästhesie, die Aida nie hatte haben wollen. All die Interventionen, die nichts als Ohnmacht und Wut in der völlig hilflos ausgelieferten Frau hervorgerufen hatten.

Während ich auf Aida einredete wie auf ein krankes Pferd, diese Geschichte endlich loszulassen, blickte ich immer wieder auf die Wanduhr. In der Stille hörte ich sie ticken. Es war eine Frage der Zeit, bis ein Kind mit Kopf auf Beckenboden in Geburtsstress geriet. Immer wieder kontrollierte ich mit dem Sonicaid die Herztöne. Eine gefährdende Nabelschnurumschlingung konnte ich ausschließen, doch zeigte das Display einen monotoner werdenden Herzschlag. Die anfangs gegebene Pulsatilla in hoher Potenz zeigte keine Wirkung. Ohne mir etwas anmerken zu lassen, ging ich in Gedanken meine Möglichkeiten durch, falls die Herztöne dramatisch abfallen sollten. Die Frage nach einem Rettungstransport von der einsam gelegenen *Finca* in das weit entfernte Hospital stellte sich für mich in dieser Situation nicht.

Jaime hatte ich bedeutet, sich mit Adrian ins Kinderzimmer zu verziehen.

»Weißt du was«, schlug ich Aida vor, um all meinen logischen, theoretischen Erklärungen auch eine praktische Handlung folgen zu lassen, »wir öffnen jetzt einen *champán!*«

Aida sah mich aus den schwarzen Augen irritiert an. Als sie merkte, wie ernst es mir war, fragte sie: »Jetzt auf der Stelle?«

Ich strich ihr eine dunkle Locke aus dem Gesicht. »Ja, wieso nicht!«

Ein verstörtes Lächeln verriet, dass sie diesen Gedanken zumindest originell fand. Aus einem Schrank holte sie Sektschalen hervor, und ich brachte aus der Küche den Champagner.

»Wunderbar!«, rief ich, am Korken hantierend. »Damit«, ich

nickte zur Flasche, »spülen wir alle deine negativen Gedanken an Adrians Geburt einfach hinunter.« Und feierlich verkündete ich: »Wir ersäufen sie! Alles klar?«

»Alles klar«, versprach Aida tapfer.

Ich rief nach Jaime. Er sah mir verdutzt zu. »Hiermit vergessen wir endgültig, was war, und begrüßen Luisa! Nachher ist ohnehin keine Zeit dafür.«

Als der Korken knallte, sah ich, wie Aida erbebte. Wir stießen an, sehr fröhlich, aber auch sehr feierlich. Dann sah ich sie weinen.

Es hatte über eine Stunde gedauert, bis das befreiende Schluchzen über Aidas Lippen kam. Eine gute Weile weinte sie so hemmungslos, dass Jaime ratlos an ihrer Seite stand. Ohnehin kein Mann von der redseligen Sorte, war auch er mittlerweile verstummt und ungeachtet seiner Dauerbräune eigenartig blass. Ich gab ihm ein Zeichen, seine Frau fest in die Arme zu nehmen. Es war berührend, wie unverhüllt sie ihren Schmerz zeigte. Dann, ebenso plötzlich, richtete sich Aida auf, lächelte etwas entrückt und presste. Ein paar Minuten später war das Kind geboren.

Nun sind ja die meisten Neugeborenen der menschlichen Spezies gleich nach dem Schlüpfen alles andere als süß, die Angst der Mütter vor Raub oder Entführung also völlig unbegründet. Bei Klein Luisa war ich mir nicht sicher. Falls es doch Außerirdische unter uns gab, könnte irgend so ein Zombie vielleicht seinen Ableger in ihr sehen – wer weiß, wie die sich fortpflanzten.

»Das wird schon wieder«, sagte ich zu Aida, als ich über das gurkenförmige Köpfchen ihres Babys streichelte. »In zwei, drei Tagen ist der Kopf wieder rund.«

Wundersamerweise beunruhigte die monströse Verformung die Eltern in keinster Weise. Oder sie nahmen sie gar nicht als solche wahr. Es ist erwiesen, dass auch die männliche Hypophyse während der Geburt Oxytocin ausschüttet. Und was das teuflische Hormon alles mit uns anstellt, ist ja hinlänglich bekannt. Da werden nicht nur Wahrnehmungen getrübt.

Ich verstaute die Utensilien in meinem Koffer und beobachtete Jaime, wie er mit seiner Tochter turtelte. Der stolze Madrilene hatte von dem Liebeshormon bestimmt eine ganze Menge produziert. Doch dann forderte Adrian immer vehementer seine Aufmerksamkeit. Singend verzog sich Jaime mit ihm in die Küche zum gemeinsamen Kochen.

Ich blieb zum Essen und half mit. Während ich den Salat zubereitete, sah ich immer wieder nach Aida, die schon unter der Dusche stand und sich erfrischte. Weder von der Verzweiflung noch von der Anstrengung der Geburt war ihr etwas anzumerken. Wenig später saßen wir alle um den runden Tisch in der Küche und verkosteten Jaimes Kaninchengulasch. Die scharf angebratenen, nicht ausgelösten Fleischstücke schwammen in der traditionellen pikanten Paprikasoße und wurden mit den Fingern herausgefischt. Es schmeckte herrlich. Die fettigen Finger wurden einfach am dazu gereichten Weißbrot abgewischt. Nach den vielen Stunden harter Arbeit langten wir ordentlich zu, und ich bedauerte wieder einmal, das schmackhafte deftige Essen nicht mit einer gehörigen Portion Rotwein hinunterspülen zu können.

Noch bevor ich mich verabschiedete, hatte Aida folgende Nachricht in ihr Notebook getippt: »Mein Wunsch ist in Erfüllung gegangen! Luisa ist da.«

Bei einem meiner späteren Wochenbettbesuche zeigte mir

Aida die Antwort ihrer Forumfreundin vom Festland: »Meiner auch! Martín ist da. Zu Hause, wie ausgemacht!«

Daraufhin schrieb Aida in meinem Beisein zurück: »Und weißt du, was das Beste ist? Ich brauche keine Antidepressiva mehr!«

Engel Gabriel
Eine Geburt zwischen
Rosenkranz und Heiligenbildern

Mitten in der Nacht riss mich die Zirkusmelodie meines Handys aus dem Schlaf. Ich weiß bis heute nicht, wie das Musikstück heißt. Zu meinem großen Bedauern musste ich beim nächsten Handymodell darauf verzichten. Ja gut, vielleicht hätte man den Sound irgendwie überspielen können, aber ich konnte es nicht. Das Problem habe ich ja bei allen neuen elektronischen Geräten, sie sind mir einfach überlegen. Aber wofür hat man schließlich einen Mann? Männer spielen gerne damit rum, deshalb verschenken sie solches Spielzeug auch, vorzugsweise zu Weihnachten und an Geburtstagen. Ich wurde jahrelang mit solchen Dingern beglückt, bekam jedes Jahr eine neue Kamera, ein neues Handy oder einen neuen, noch günstigeren Tarif (praktischerweise mit dem kostenlosen neuen Handy gleich dabei) und alle paar Jahre einen Camcorder. Den DVD-Recorder kann ich bis heute nicht zu einer programmierten Aufnahme bewegen, und die meisten PC-Möglichkeiten werden sich mir ebenfalls nie erschließen. Bei Kamera und Camcorder ist alles einfacher, weil es dort die praktische Funktion »AUTO« gibt – es geht anscheinend mehreren Usern so wie mir.

Während ich von der Zirkusmelodie geweckt im Dunkeln nach dem Handy tastete, drehte Peter sich zu mir herüber.

»Ja?«, flüsterte ich ins Handy. Am Apparat war Irmgard. Ich musste tatsächlich los und schwang mich aus dem Bett.

»Schon?«, erkundigte sich Peter schlaftrunken. »Bleib doch noch ein bisschen. Du musst dich ja nicht stundenlang schminken.«

»Ich bin bisher nur einmal stundenlang geschminkt worden, und zwar für den Fernsehauftritt letztes Jahr.« Missmutig trottete ich ins Bad.

»Es schüttet wie aus Kübeln, gib acht!«, rief er mir nach.

»Du meinst Aquaplaning?«

»Übers Wasser *gegangen* ist schon ein anderer.«

Ich steckte den Kopf aus der Badezimmertür. »Ha ha, ich lach mich gleich tot!« Um Viertel vor drei entlockte mir der müde Scherz höchstens ein schiefes Grinsen. Auf die Uhr schielend verwünschte ich meinen Beruf wieder mal aufs Gröbste. Von stundenlangem Schminken konnte keine Rede sein, denn bei einer Drittgebärenden war Rumtrödeln nicht angesagt. Aber ohne Lidstrich gehe ich nie aus dem Haus. Niemals.

War da nicht noch etwas, das ich nicht vergessen durfte? Gott, mein Goldfischhirn! Noch dazu zu dieser Stunde … Der Koffer ist immer gepackt, das erledige ich sofort nach jedem Einsatz, man weiß ja nie, wann der nächste Anruf kommt. Dann konnte es nur ein Formular sein, das ich vielleicht beim letzten Hausbesuch nicht dabeihatte … Natürlich, die Einverständniserklärung! Erst vor Kurzem hatte ich mir geschworen, keine Geburt mehr zu betreuen, ohne mir vorher von der Mutter schriftlich bestätigen zu lassen, dass ich sie über Risiken und Gefahren einer Hausgeburt aufgeklärt hatte. Bevor ich die Treppe hinuntereilte, sauste ich ins Arbeitszimmer. Ein Griff in die Mappe und – verdammt, die Hülle war leer. Schnell das Originalformular in den launischen alten HP eingelegt. Der Drucker druckte. Das kam jetzt irgendwie überraschend. Noch erstaunt sprang ich die Treppe hinunter und zur Tür hinaus.

Die nächste Verzögerung lauerte vor der Tür und war schwarz, verschlafen und vierzig Kilogramm schwer. Bestimmt wunderte sich Inka, unsere palmerische Schäferhündin, über die außergewöhnliche Stunde der willkommenen Abwechslung, war aber sofort putzmunter. Schwanzwedelnd versuchte sie, mich zu einem Spielchen zu überreden. Als ich nicht darauf einging, lief sie voraus und stellte sich beleidigt vor das Tor. Ein Leckerli half ihr dann doch über die Enttäuschung hinweg, und sie ließ mich zum Auto passieren.

Bis zu Irmgards Haus benötigte ich eine Dreiviertelstunde, davon allein zehn Minuten bis zur Ortstafel, wenn ich weiter mit sechzig km/h dahinschlich. Was ich wohl oder übel tat, denn zwei Radargeräte bremsten meinen Heroismus. Hinter der Ortstafel gab ich Gas. Zu meiner Unterhaltung wählte ich die CD-Funktion meines Autoradios. Deva Premal. Perfekt. Ihre erdige Stimme wirkte beruhigend, die Mantra-Lieder beschworen eine feierliche Stimmung herauf, die meinen Fahrstil günstig beeinflussen würde. Dachte ich. Hoffte ich. Und schaltete einen Gang zurück. Die Strecke in die Weststeiermark ging über Berg und Tal, gemeine Haarnadelkurven lauerten nur darauf, mich aus der Spur zu werfen. Um halb vier Uhr morgens. Bei strömendem Regen.

Kurz vor vier bog ich um die letzte hinterhältige Kurve. Rudolf hatte schon das Tor geöffnet. Das kleine Anwesen am Ortsrand war im Moment noch das einzig beleuchtete um diese nachtschlafende Stunde. Aber nicht mehr lange, dann würden in den umliegenden Ställen die Lichter angehen. Was ich bis heute nicht verstehe, denn die wenigen kanarischen Kühe, die ich kenne, sind nicht weniger glücklich, weil sie später gemolken werden – das Gegenteil kann schließlich niemand belegen –, zumindest geben sie nicht weniger Milch. Mein fehlendes Mitleid mit den Bauersleuten hierzulande wegen ihres frühen Tagesbeginns hat somit eine Begründung.

Irmgard lag bis oben zugedeckt im Bett und fror. Es sollte ihre erste Hausgeburt werden. Die Kinder im Alter von vier und zwei Jahren hatte sie im nächstgelegenen Krankenhaus zur Welt gebracht. Jedes Mal mit Wehentropf, Blasensprengung und Kristellern, dem forcierten Druck von oben. Jedes Mal war es eine Tortur für sie gewesen. Diesmal wollte sie es ganz alleine schaffen.

»Es geht schon wieder nichts weiter, Ursula!«, waren die ersten Worte, mit denen Irmgard mich begrüßte.

Als ob ich's geahnt hätte! Wie gut, dass ich mich nicht hatte hetzen lassen! Lächelnd untersuchte ich die schlanke Frau. »Haben wir nicht ausgemacht, dass nur positiv gedacht wird, hm?«

»Schon, aber …« Eine Wehe schnitt Irmgards Rechtfertigung ab, stöhnend drehte sie die Perlen des Rosenkranzes zwischen ihren Fingern.

Im Grunde genommen hatte sie ja recht. Es war wirklich nicht viel weitergegangen. Der Muttermund war – ungeachtet seiner Weite von fünf Zentimetern – immer noch dicksäumig, der Kopf stand frei beweglich über dem Beckeneingang.

»Ach, das wird schon, Irmi. Ist noch keines drinnen geblieben, oder? Du wirst sehen, es wird nur so herausflutschen!« Irmgard sah mich skeptisch an. Um sie weiter vom Untersuchungsergebnis abzulenken, lästerte ich: »Du hast kein Gramm zugenommen, seit wir uns das letzte Mal gesehen haben, stimmt's?« Ich hatte sie eindringlich darauf hingewiesen, für die Geburt Kraft zu sammeln.

Irmgard schob die Unterlippe vor. »Nein, ich glaube nicht.«

»Möchtest du einen Tee, Ursula?«, mischte Rudolf sich diplomatisch ein.

»O ja, gerne. Ein Grüner wäre fein, wenn ihr welchen habt.«
Und zu Irmgard gewandt: »Ich schlage vor, du läufst jetzt mal
ein bisschen rum.«

Während Rudolf in der Küche hantierte, war ich Irmgard
beim Anziehen von Jogginghose und T-Shirt behilflich. Über
dem Bauch konnte man ihre Rippen zählen. Irmgard war nicht
schlank, sondern mager. Kopfschüttelnd sog ich die Luft ein. Ihre
bessere Hälfte dagegen war recht füllig. Rudolf war Landmaschi-
nenvertreter und Hobbykoch. Und in der Freizeit Häuslebauer,
wie er mir bei einem Rundgang durch das noch mit weiteren
Kinderzimmern ausbaufähige Dachgeschoss verriet. Vermutlich
stand ich in einem Jahr wieder hier – wenn alles gut ging.

»Vielleicht solltest du auch etwas essen«, riet ich ihr.

Irmgard schüttelte nur den Kopf. Sie machte den Eindruck,
als suche sie etwas.

»Dann trink wenigstens einen Juice oder Tee mit Honig! Wasser allein bringt dir bestimmt nicht die nötige Energie.«

Nur die unzähligen Sommersprossen brachten etwas Leben
in ihr schmales, blasses Gesicht.

»Gott gibt mir Kraft.«

»Natürlich tut er das«, beschwichtigte ich. Ich wusste, worauf
ich mich eingelassen hatte. Oder meinte es zumindest zu wissen. »Das muss er tun, denn sonst wärst du gar nicht so weit gekommen.«

Eine Wehe kam, während Rudolf den Kopf zur Tür herein-
steckte. »Ich hab unten für dich gedeckt«, flüsterte er, um die
Kinder nicht zu wecken.

»Danke, ganz lieb, aber bitte sieh zu, dass Irmi was Vernünf-
tiges trinkt.«

»Wichtiger«, schnaufte Irmgard, »ist mir das Bild von der
Margareta.«

»Das hatten wir doch auch vorbereitet«, entgegnete Rudolf. »Ist es nicht dabei?«

Vehement schüttelte Irmgard den Kopf. »Ich brauch jetzt die Margareta«, lamentierte sie, den Tränen nahe.

»Okay, ich such sie dir sofort.«

Rudolf verschwand und erschien eine Minute später mit einer Schachtel voller Heiligenbilder. Hektisch begann Irmgard darin zu wühlen. Mehrere Bilder fanden offensichtlich ihre Zustimmung, denn ihre Miene hellte sich nach und nach auf. Am Ende lagen sechs oder sieben Bilder, wie ich sie zuletzt im Religionsunterricht in der Volksschule in Händen gehalten hatte, auf dem Bett. Sie küsste alle der Reihe nach, bis eine Wehe sie unterbrach. Wieder aufatmend nahm sie ein Kärtchen, vermutlich das mit dem Bildnis der heiligen Margareta, und begann leise ein Gebet zu murmeln. Vor dem Bett kniend, die Ellbogen auf die Matratze gestützt, in den gefalteten Händen die Heilige, fiel mir in diesem Augenblick nur eines ein: keusch, rein, unbefleckt.

Doch bald wurde Irmgard wieder unrund. Ungeduldig rief sie nach ihrem Mann. Zu mir gewandt wetterte sie: »Es geht nichts weiter, Ursula!«

»Ich brauche die Margareta, hab ich gesagt«, blaffte sie Rudolf an, sobald er zur Tür hereinsah.

Rudolf schlich suchend im Zimmer umher und drehte schließlich die komplette Bettwäsche um. Lächelnd fing er dabei das zu Boden flatternde Bildchen auf und reichte es Irmgard. Sie riss es an sich und nahm, in einer Hand den Rosenkranz, in der anderen das Heiligenbild, wieder die demütige Pose von vorhin ein. Wenn das nicht echt war, musste es hohe Schauspielkunst sein, dachte ich.

Irmgards Flehen wurde inbrünstiger: »Du Trost aller Bedrängten. Du Beschützerin der Leidenden und ...« Ihr Flüstern erstarb in der anrollenden Wehe.

Nach dieser Geburt wusste ich: Man kann jeden Schutzengel mittels Gebet anrufen. Man muss es nur oft genug tun. Eines der bekanntesten Gebete, »Engel Gottes« *(Angele Dei)*, wiederholte sie gebetsmühlenartig:

> *Engel Gottes,*
> *mein Beschützer,*
> *Gott hat dich gesandt, mich zu begleiten.*
> *Erleuchte, beschütze, leite und führe mich.*
> *Amen.*

Oder, dasselbe auf Latein:

> *Angele Dei,*
> *qui custos es mei,*
> *me, tibi commissum pietate superna,*
> *illumina, custodi, rege et guberna.*
> *Amen.*

Vermutlich war ein solch kurzes Gebet in der alten Kirchensprache zu rezitieren für eine gläubige Katholikin wie Irmgard geradezu lächerlich, aber die Abstände der Wehen erlaubten keine längeren Passagen. Direkt nach der Geburt schenkte sie mir ein paar Kärtchen, und da ich wegen der Blutung post partum doch eine geraume Zeit bis zu meinem Aufbruch abwartete, las ich aus Langeweile, was auf der Rückseite der Bildchen stand. »Margareta, Schutzpatronin der Bauern und Gebärenden und eine der Nothelferinnen. Um 305 unter Diokletian enthauptet; in der Kirchenmalerei oft mit einem Drachen als Symbol des Teufels, den sie überwunden hat, dargestellt.« Oder: »Pantaleon, Patron der Ärzte und Hebammen, Arzt Kaiser Maximilians, gestorben um 305 n. Chr. während der Christenverfolgung Diokletians.« Des Weiteren: »Erasmus, Helfer bei Leibschmerzen, Krämpfen, Koliken, Unterleibsbeschwerden und bei Magenkrankheiten; er wird angerufen bei Geburten und bei Krankheiten der Haustiere. Überlebte seine erste Marterung unter Diokletian, verließ seine Diözese und wirkte in Kampanien, gestorben um 303 in Formia, Kampanien.«

Die heilige Margareta half jedenfalls. Nach zehnmaligem Herunterbeten der »Engel Gottes« und fortwährendem Küssen ihres Konterfeis war der Muttermund offen.

Mein etwas überraschtes Gesicht kommentierte Irmgard folgendermaßen: »Ist Jesus Christus doch selbst ›der Weg und die Wahrheit und das Leben.‹«

»Amen.« Ich verstand den Zusammenhang nicht, aber das war ja egal.

Irmgards schmale blaue Augen taxierten mich. »Du bist wohl nicht sehr gläubig, oder?«

»Doch. Sicher. Ich glaube an andere Dinge.«

»Ja? Woran denn?« Jetzt wollte sie es genau wissen.

Wehe sei Dank, wurde unsere Konversation genau an diesem Punkt abgewürgt.

Irmgard war von der hartnäckigen Sorte. Schließlich ging es um den Glauben, nicht um irgendwelche Kochrezepte.

»Weißt du«, schlug ich freundlich vor, »meine halb fröhlichen, aber auch düsteren Erkenntnisse lassen wir jetzt lieber beiseite. Darüber reden wir ein anderes Mal, okay? Es passt nicht hierher.« Ich wollte einfach nicht über die katholische Kirche diskutieren. Wenn ich nicht lügen wollte, würde es nicht auf eine emotionslose Diskussion hinauslaufen. Thematisch ebenso möglich wäre eine philosophische Betrachtung des Glaubens an sich gewesen, aber auch das hielt ich nicht für zielführend …

»Bist du Buddhistin?«

Ich lachte. »Wie kommst du denn darauf?«

Schulterzuckend begann Irmgard, heftiger zu atmen. »Sekte?« Ihre Augen weiteten sich gefährlich.

Ich konnte es mir einfach nicht verkneifen und erklärte: »Für eine Weltreligion reicht es nicht, aber …«

»Also Sekte!« Ob es aufgrund des Schreckgespenstes Scientology oder Hare Krishna oder ob es aufgrund der anrollenden Wehe war, weiß ich nicht, jedenfalls setzte an dieser Stelle der Pressdrang ein.

Ich erhob mich, um Rudolf zu holen, der sich nebenan mit dem jüngsten Kind zurückgezogen hatte. Bevor ich das Zimmer verließ, schüttelte ich den Kopf. »Keine Sekte.« Was soll's, dachte ich. Der Erleuchtung ist bekanntlich egal, wie man sie erlangt. Angesichts Irmgards vor Anstrengung roten Gesichts beeilte ich mich, Rudolf zu verständigen, ohne dabei das ganze Haus aufzuwecken.

Nach zweimaligem Pressen schlüpfte Gabriel in diese heilige Welt. Seine Mutter hielt in beiden Händen Andachtsbildchen, der Rosenkranz hing zwischen ihren Lippen und schimmerte auf ihrer schweißnassen Brust. Bevor sie ihr kräftig schreiendes Baby in die Arme nahm, küsste sie zum Dank für ihren Beistand Margareta und Erasmus zum letzten Mal an diesem Tag. Nun, vielleicht auch nicht.

Als meine Arbeit getan war und die Eltern wie das traute Paar in Bethlehem auf das Kind blickten, wurde Rudolf ernst. Überzeugt, dass nur der göttliche Beistand diese Geburt ermöglicht hatte, war er es den Heiligen offenbar schuldig, sie zu loben und auch zu verteidigen.

»Biblisch«, holte er aus, »lässt sich der Glaube an die Schutzengel in beiden Testamenten begründen: Schon im Buch Exodus lesen wir: ›Ich werde einen Engel schicken, der dir vorausgeht. Er soll dich auf dem Weg schützen und dich an den Ort bringen, den ich bestimmt habe. Achte auf ihn und hör auf seine Stimme! Widersetz dich ihm nicht! Er würde es nicht ertragen, wenn ihr euch auflehnt; denn in ihm ist mein Name gegenwärtig.‹«

Irmgard nickte eifrig. »Und im Matthäus-Evangelium steht: ›Hütet euch davor, einen von diesen Kleinen zu verachten! Denn ich sage euch: Ihre Engel im Himmel sehen stets das Angesicht meines himmlischen Vaters.‹«

O Gott, dachte ich passenderweise. Fanatismus konnte so gnadenlos sein! Ich sah in ihre leuchtenden Augen, winkte zum Abschied und schloss leise die Tür.

Langsam rollte mein Wagen aus der Ausfahrt. Mir fielen die Worte Kurt Tucholskys ein, sicher kein Mann, der einer besonderen Sympathie für das Christentum verdächtig ist: »Welche ungeheure Kraft könnte von diesem katholischen Christentum ausgehen, wenn es sich auf die Evangelien besänne.«

Vielleicht standen die beiden dennoch auf der richtigen Seite. Aber sicher war ich mir da nicht. Und wo stand ich? Bevor ich es zuließ, irgendein düsteres Spiel auf der Seelenklaviatur anzustimmen, drehte ich meine Lieblingsmusik auf. Man belügt sich doch immer selbst im entscheidenden Moment. Und Macaco wärmte mein Herz wieder auf. »*Las llaves robadas …*«, sang ich laut und dankte dem Herrn und den Heiligen für den guten Ausgang der Geburt.

Die ersten Sonnenstrahlen blinzelten durch den Kirschbaum in die Küche. Wenn ich nach Hause komme, zieht es mich als Erstes immer an den häuslichen Herd. Wider Erwarten hatten mir meine Lieben vom Abendessen etwas übrig gelassen. Man freut sich nach einer harten Nacht ja selbst über die eingetrockneten Reste. Die bereits glasharten Spaghetti mit noch etwas losgekratzter Soße spülte ich mit reichlich Bier hinunter. Über die Folgen, speziell in fahrtauglicher Hinsicht, machte ich mir weniger Sorgen, denn die Wahrscheinlichkeit war gering, heute nochmals ausrücken zu müssen. Genüsslich duschte ich erst heiß, dann kalt und schlüpfte ziemlich textilarm unter die Decke.

Beim ersten Wochenbettbesuch am darauffolgenden Tag erwartete mich eine fröhliche Apokalypse. Ich lernte einen Teil der unüberschaubaren Verwandtschaft kennen, die sich auf Haus und Garten verteilte. Ich mochte nicht wissen, wie viele erst zur Taufe kamen. Von überallher waren sie samt Kind und Kegel angereist, um den neuen Erdenbürger zu begrüßen. Irmgard trug es mit Fassung. Ich trank mit Tanten und Cousinen Kaffee und stellte dann die Geburtsbescheinigung aus, mit der Rudolf auf der Gemeinde die Geburtsurkunde beantragen konnte. Alle waren über den Namen des Kindes entzückt.

»Gabriel«, zwinkerte mir der Opa zu.

»Als Erzengel«, fügte Rudolf hilfreich hinzu, »wird im Judentum, Christentum und im Islam einer der Engel bezeichnet, der in der Engelhierarchie und für den Glauben eine herausragende Rolle spielt. Nur drei Engel, nämlich Michael, Gabriel und Raphael, werden in der Bibel überhaupt mit Namen benannt.«

Als »Held Gottes«, so die hebräische Übersetzung, und namensgleich mit dem Erzengel, passte der Name wohl treffend zu dieser religiösen Familie. Und zu dieser Geburt.

Am Telefon: La Palma
Geburtsmanagement über 4000 Kilometer Distanz

Schon mit einer gewissen Unlust setzte ich mich an den PC. Nur noch schnell die Mails durchsehen, dann war auch diese Arbeit erledigt, und ich konnte mich den wirklich wichtigen Betätigungen widmen: die Lieblingsfreundin anrufen, die hundertfünfte Folge von der Serie mit den desperaten Hauskrähen ansehen, im Bett einen Chai schlürfend meine Lieblingsmusik hören – mit Kopfhörern versteht sich, man war ja rücksichtsvoll. Oder im Bett lesen. Drei Seiten. Maximum.

Während der lahme, veraltete PC hochfuhr, ließ ich Schultern, Kopf und Rumpf kreisen. Prophylaktisch. Ich ahnte schon, dass Tom Kenyon heute länger auf mich warten musste. Der Amerikaner, dessen genetische Provenienz bunter war als ein Benetton-Leiberl, hat stimmlich einen Umfang über vier Oktaven. Das hatte Rebroff auch, doch war sein Gesang eben nur beeindruckend, mehr nicht. Kenyons Stimme kann mehr, sie kann heilen. Zumindest fühlt man sich besser, wenn man ihr eine Zeit lang gelauscht hat.

O nein, Dutzende Mails! Das durfte nicht wahr sein! Aber es ist immer so: Entweder bleibt die Inbox leer, oder man wird zugemüllt. Leute, die vor Kurzem noch Buchempfehlungen und Filmtipps oder ihre Lieblingsrezepte per Telegraf in die Welt hinaus morsten und Internetcafés für Kaffeehäuser mit außerirdischem Interieur hielten, beglücken nun Freunde und

Freundinnen, deren Kocheifer sie für ausbaufähig erachten, mit E-Mails, die in orthografischer Hinsicht oftmals einen grenzwertigen Humor erfordern. Man tippt schnell, denn Zeit ist kostbar, und orientiert sich an der Phonetik, vor allem wenn es sich um diverse englische Ausdrücke handelt, die ja fast schon eingedeutscht sind. Aber eben nur fast. Und die nächsten Schritte sind längst vorprogrammiert: weg vom Verteiler, hinein in die Foren. Geistigen Gruppensex nenne ich das. Sex ist offensichtlich kein Thema mehr, wozu auch, man kann die Samstagabende auch anders gestalten. Foren und Facebooks, die geistigen Swingerclubs, bieten Unterhaltung, Fortbildung und Bewunderung.

Mein Sohn steckte den Kopf zur Tür herein und meldete sich ab. Es war Samstagabend, und er hatte eindeutig etwas Besseres vor als ich, wo es allem Anschein nach beim Abfragen der heutigen und gestrigen Mails bleiben würde. Das sah ich sofort an seiner Frisur, die durch ein halbes Kilo *wet gel* bestach – im wahrsten Sinne des Wortes, jedenfalls wenn man ihr zu nahe kam. Neu war das Styling, das ich *Out-of-bed*-Style nenne. Er sah damit genauso aus wie unmittelbar nach dem Aufstehen, hatte dafür aber garantiert eine halbe Stunde vor dem Spiegel gebraucht.

Nachdem ich die Hälfte meiner Mails gelesen hatte, wechselte ich kurz zu meiner Lieblingsbeschäftigung. Neben zwei Buchprojekten arbeitete ich am Konzept für einen Film. Es sollte ein Geburtsfilm der anderen Art werden, in dem Bilder sprechen und keine sich in endlosen Monologen ergehenden Geburtshelfer, Psychologen oder sonstigen Gurus der sanften Geburtsszene.

Als Einstieg stellte ich mir eine kurze drastische Szene im OP vor – der kaiserliche Schnitt in seiner ganzen Brutalität. Grelles weißes Licht, Blut, vor allem ein blutiges Kind, das am Po hochgezogen wird. Kurzer Schwenk zu den vor Angst geweiteten Augen der Mutter. Und aus dem Off ertönt eine liebliche Stimme: »Weltweit werden täglich x« – das musste ich noch recherchieren – »Kinder per Kaiserschnitt geboren.«

»Europaweit werden täglich x« – auch diese Zahl musste ich erst googeln – »Kinder ans grelle Licht im OP gezerrt.«

Die Stimme wird besonders sanft: »In Österreich werden täglich sechzig Kinder aus den Bäuchen ihrer Mütter geschnitten.«

Geht's nicht ein klein wenig subtiler?, überlegte ich. Ganz klein wenig. Vielleicht, aber wozu? Mein Alter Ego nervte. Die beiden Zahlen zu recherchieren war dann doch sehr aufwendig, und ich beschloss, schlafen zu gehen. Nach Mitternacht schaltete ich den PC aus, und gegen ein Uhr muss ich wohl eingeschlafen sein.

Der scheppernde Klang meines Handys bereitete dem Träumen ein Ende. Ich fuhr hoch. Ich fahre immer hoch, wenn mich das Telefon weckt. Anscheinend erwischt es mich immer in der Tiefschlafphase. Was statistisch gesehen doch eher unwahrscheinlich ist, denn ich wurde oft in der Nacht geweckt. Auch in den Jahren meiner Sanatoriumsentbindungen schlief ich des Nachts zu Hause, bis ich verständigt wurde. Und in Spaniens Spitälern pennte ich während des Nachtdiensts, wenn nichts los war, ebenfalls, ganz legal und feudal, nur wurde ich dort in der Regel von der Stationsgehilfin geweckt.

Verschlafen griff ich zum Handy. Draußen war es finstere Nacht. Die übergroßen Ziffern der an die schwarze Schlafzimmerwand projizierten Uhr leuchteten in grellem Rot. Aufreizend. Beinahe höhnisch. Sie zeigten brutale halb drei.

Ich wusste, das war zu früh. Nach vier Stunden Schlaf war ich ausgeschlafen, nach drei Stunden für eine gewisse Zeit lang fit. Doch eineinhalb Stunden waren zu wenig. Gereizt nuschelte ich ein verschlafenes »Ja?« in den Äther.

»*Hola,* Ursula. *Manu tiene contracciones.*«

Sofort war ich hellwach. Das war ich immer, wenn es brenzlig oder knapp wurde. Zum Beispiel im Falle einer Siebentgebärenden im letzten Graben in Kärnten oder einer Fünftgebärenden in Ljubljana. In beiden Fällen lag eine Strecke vor mir, für die ich unter Umständen drei Stunden brauchen konnte. In Manus Fall waren es allerdings viertausend Kilometer.

Ich hatte nicht auf das Display geachtet, hatte nicht bemerkt, dass dieser Anruf von den Kanarischen Inseln kam. Enriques sonore Stimme klang ruhig, wenn auch nicht ganz so gelassen wie gewohnt. Der große, kräftige Mann von Mitte vierzig und seine um einige Jahre jüngere Frau erwarteten das dritte Kind. Und jetzt sagte er, dass sie Wehen hätte.

»*Bueno*«, flüsterte ich, denn ich wollte das warme Bett noch nicht verlassen, »gib mir mal Manu, bitte!«

Peter drehte sich geräuschvoll neben mir um, und ich schlich samt Decke zum Sofa ins Arbeitszimmer. Derweil erfuhr ich von Manu, dass sie seit einer Stunde Wehen hatte. Da diese mir noch ziemlich kurz erschienen, gab ich ihr den Rat, sich noch etwas auszuruhen. Auch auf La Palma war es noch mitten in der Nacht – oder dort erst recht, immerhin waren sie eine Stunde hinterher.

»Bis später, Manu«, murmelte ich und war auch gleich wieder weggedämmert.

So schnell wie ich hellwach bin, schlafe ich auch wieder ein. Das funktioniert eigentlich ganz gut, zumindest immer dann, wenn ich eindeutig noch zu wenig Schlaf abbekommen habe.

Irgendwann läutete das Handy erneut, es war immer noch stockdunkel. Vier Uhr. Super.

Enriques Stimme klang etwas nervöser. Im Hintergrund vernahm ich heftiges Stöhnen. Pressdrang hörte ich noch keinen. Aus der Entfernung war es schwer zu sagen, wie weit die Geburt fortgeschritten war, denn Manu war eine sehr impulsive Frau. Außerdem kannte ich sie von der vorigen Geburt, bei der es auch ganz schön laut und heftig zugegangen war.

»Sieh nach«, forderte ich Enrique auf. Ich hatte das Gefühl, dass ich mich auf seinen Befund verlassen konnte.

Ob er daraufhin wagte, seine Frau während einer Wehe zu untersuchen, und sie ihn in ihrer burschikosen Art aus dem Zimmer warf, weiß ich nicht, jedenfalls drang aus dem anderen Ende der Leitung ein Poltern und Stöhnen. Dann, nachdem es wieder still geworden war, hörte ich Rics tiefe Stimme.

»Da oben, am Ende, spüre ich eine harte Kugel.«

»Konntest du sie mit den Fingern noch wegstupsen?«, fragte ich.

»*No.*«

Okay, dachte ich, es würde also noch etwas dauern, bis der Kopf herunterkam. Enrique hatte lange Finger.

Die nächste Wehe rollte an, und Manu begann so laut zu stöhnen und zu ächzen, dass Enrique mit dem Handy nach draußen verschwand. Ich erklärte ihm, was sein Tastbefund bedeutete. Er klang zwar immer noch recht cool, doch setzte ihm Manus Stöhnen mehr und mehr zu. Ich beruhigte ihn, sprach einige ermutigende Worte und sagte ihm noch einmal, worauf er achten müsse und was er keinesfalls vergessen durfte. Mit heiserer Stimme wiederholte er die Handvoll Anweisungen. Ich wünschte den beiden viel Glück, dann legte Enrique auf.

Bunte Bilder einer Geburt liefen vor meinem geistigen Auge

ab. Ich hörte die temperamentvolle Frau förmlich stöhnen, sah, wie sie die glutvollen Augen verdrehte. Wie damals, vor zwei Jahren. Heute stand nur Enrique an ihrer Seite.

Von Anfang an war das einzige Inselspital keine Option für die beiden gewesen. Nicht nach der für Manu perfekten Hausgeburt und der vorangegangenen unschönen Klinikgeburt. Gab es dort doch Ärzte und Hebammen, die man sich nicht aussuchen konnte, denen man praktisch ausgeliefert war. Auch als sehr bestimmte, selbstbewusste Frau. Manche meiner ehemaligen KollegInnen waren nicht zu unterschätzen und auch recht resolut. Das wollte sie auf keinen Fall riskieren. Dann doch lieber allein zu Hause. *Unassisted birth,* aber eben nicht ganz.

Bei meinem letzten Besuch auf La Palma war Manu im sechsten Monat schwanger gewesen. Akribisch waren wir noch einmal die vorige Geburt durchgegangen, hatten dann die Vorbereitungen und das Procedere für ihre dritte Geburt besprochen. Meine Bemühungen, einen meiner ehemaligen Kollegen aus dem Hospital zu einer Hausgeburt zu überreden, blieben erfolglos. Seit einer Generation war man endlich über diese primitive Geburtshilfe hinweg, fuhr man selbst noch aus dem letzten *barranco* mit dem eigenen Auto zur Entbindung ins Hospital. Mit dem Rettungswagen seltener, aber das hatte andere, logistische Gründe.

Anfangs war auch noch alles gut gelaufen mit der alten Garde an Gynäkologen, denn sie überließen die Arbeit den Hebammen, die es auch bis dahin fabelhaft alleine geschafft hatten. Doch schon bald drängten jüngere, auf dem Festland oder gar in Lateinamerika verbildete Wichtigtuer ans Gebärbett und verschworen sich, den erfahrenen Hebammen mit immer mehr Interventionen, deren Sinnhaftigkeit sie nie hinterfragten, das Wasser abzugraben. Dass sie dabei dem modernen US-amerikanischen Geburtsestablishment blind nacheiferten, sahen nur die wenigen kritischen Hebammen, die sich mittlerweile der in Europa längst etablierten Gegenbewegung angeschlossen hatten. Denn die alten erfahrenen Hebammen starben aus, und was nun von den Universitäten in die Spitäler strömte, praktizierte dieselbe interventionsreiche Geburtshilfe wie die »Gynäkokken«, jene, wie sich bald herausstellen sollte, gegen jede Vernunft resistenten Klinikkeime. Dabei haben die Fanatiker, oder die, die den blinden Fanatismus schüren, längst den *point of no return* übersehen. Auch auf den Kanaren.

Meine ehemaligen Kollegen organisierten für mich, was ich nicht im Fluggepäck mitgenommen hatte, wie Absauger, Nabelklemme, Kompressen und praktische Netzhöschen. Manu selbst überraschte mich mit Tees, die sie sich nach eingehendem Studium für jedes Problem zusammengestellt hatte.

Nach meiner Rückkehr nach Österreich blieben wir in Kontakt. »Enrique spottet zwar, dass ich watschle wie ein Schwan beim Landgang«, stand in ihrer letzten E-Mail vor ein paar Tagen, »aber ich fühle mich großartig – und sehr sicher.«

Als mich eine halbe Stunde später das Läuten des Handys zum letzten Mal aus dem Schlaf holte, hörte ich schon das Greinen am anderen Ende.

»*Hola,* Ric«, lachte ich, »hört sich ja prächtig an! Tolles Stimmchen.«

»Ursula!«, jubelte Manu im Hintergrund so überschwänglich, als hätte ich das Kind bekommen.

»Was ist es denn geworden?« »Äh, Sekunde«, stammelte Ric mit etwas belegter Stimme. War es wirklich möglich, dass keiner von ihnen bis jetzt nachgeschaut hatte? Dann flötete er: »Ein Junge! – Julio!«

Schon waren Manus herrische Anweisungen im Hintergrund zu vernehmen, die sich auf eine warme Decke und Küchenrolle bezogen, und ich wusste, es ging ihr gut. Der Kleine hatte eine klare Stimme und brauchte nicht abgesaugt zu werden. Enrique deckte beide warm zu, und ich erinnerte ihn nochmals an die Blutungskontrolle. Wir unterbrachen das Telefonat, während die beiden auf die Plazenta warteten. Diesmal schlief ich nicht mehr ein. Wir hatten vereinbart, dass Enrique sich bei der geringsten auffälligen Blutung melden würde.

Manu hatte Hirtentäscheltee vorgekocht und nahm derweil Arnika in homöopathischer Form. Zwanzig Minuten später meldete Enrique, dass die Plazenta ohne größere Blutungen geboren worden sei und er sie bereits fotografiert habe. Ich schlurfte zum PC und schaltete ihn ein. »Gott, der Kasten braucht wieder mal ewig!«, zeterte ich, obwohl er bestimmt nicht langsamer hochfuhr als sonst auch.

Rasch sah ich mir die gemailten Fotos der Plazenta an. »Alles okay, Ric«, simste ich. Den PC ließ ich vorsichtshalber eingeschaltet. Wenn man von der Geburtshilfe absieht, bin ich ein eher ungeduldiger Mensch.

Schmunzelnd verschwand ich ins Bad, und kurz darauf trällerte ich los. Zum Leidwesen sämtlicher Mitbewohner, inklusive Hund. Vor allem Hund. Unsere Inka war da keine Ausnahme, sie hatte bestimmt ein sehr feines Gehör. Ich habe sicher viele Talente, aber Singen gehört definitiv nicht dazu. Da verschone ich meine Mitmenschen wo es geht. Selbst wenn bei einer kleinen Geburtstagsfeier noch dringend eine Stimme benötigt werden sollte, halte ich mich eisern zurück. Alles hat seine Grenzen. Mit den Weihnachtsliedern war es dasselbe, bis wir in der Familie auf die wortwörtlich glorreiche Idee kamen, Demis Roussos für uns singen zu lassen. Bleibt einzig das Trällern in der Dusche, das lässt sich nicht immer verhindern. Wie an diesem Morgen. Der Vollständigkeit halber muss ich noch das Mitsingen im Auto erwähnen. Doch da stört es niemanden, weil ich meistens alleine unterwegs bin und zugegebenermaßen als Fahrzeuglenkerin bestimmt öfter fluche als singe.

Nach dieser gleichsam entspannenden wie erfrischenden Dusche sah ich auf dem Weg in die Küche am PC vorbei. So wie es Ehefrauen geben soll, deren Stimmorgane früher aufstehen als der Rest des Körpers – nein, ich gehöre nicht dazu –, gibt es ein paar Verrückte in meinem Freundeskreis, die Zeit und Muße zum Mailen haben, *bevor* sie dem Broterwerb, ihren Hobbys oder was weiß ich welchen Dingen nachgehen. Vielleicht war es aber auch schon senile Bettflucht mit vierzig. Nicht alle altern gleich schnell. Bei mir zum Beispiel gibt es Phasen, da denke ich, ich komme nie wieder alleine aus dem Bett hoch. Diese von meinen Bandscheiben boshaft und absolut willkürlich festgesetzten Zeitabschnitte wechseln sich mit Wochen, manchmal Monaten völliger Beschwerdefreiheit ab, und niemand kann verstehen, dass ich eines Tages plötzlich wieder dastehe wie zur Salzsäule erstarrt. Schmerzhaft erstarrt. Begleitet wird die fiese Attacke mitten ins Rückenmark von einem kurzen Schrei meinerseits, dann Stöhnen, heftigem Atmen und Schweißausbrüchen. Und mehreren Tagen mit meiner Wärmflasche. Im Bett.

Unter der digitalen Morgenpost, zu der für mich aufgrund der Zeitverschiebung auch alle Mails aus Lateinamerika gehörten, befanden sich ein paar Zeilen aus La Palma.

»Verbinde gerade ›Erkennen dürfen, dass man den eigenen

Traum tatsächlich lebt‹ mit Freiheit nach Viktor Frankl: ›Sinn zeigt auf etwas, das nicht wieder man selbst ist‹ und Therapie: ›Sinn macht einen Unterschied zum Besseren‹‹. Auch das war Manu.

Sicher, die Hormone spielten jetzt verrückt bei der Dame, aber die umtriebige Person hatte auch sonst recht skurrile Gedankengänge. Das jedenfalls war eindeutig noch zu früh für mich, ich sinnierte nicht weiter darüber nach.

»Jedem Anfang wohnt ein Zauber inne«, schrieb ich Manuela mit Hesses Worten zurück.

Mit Wehmut dachte ich an den soeben stattfindenden Sonnenaufgang, wie ich ihn Dutzende Male über dem Meer beobachtet hatte. Vom Auto aus, wenn ich nach einem Nachtdienst die Straße vom Inselspital zu unserer Finca hinabgekurvt war. Wie die noch blasse, jungfräuliche Sonne aus den silbern glitzernden Fluten getaucht war, sich vom unendlich weiten Horizont gelöst hatte und langsam emporgestiegen war, manchmal verdeckt von vorbeiziehenden schiefergrauen Wolken, die dem strahlenden frischen Tag eine gespenstische Note gegeben hatten, eine Drohgebärde des Himmels, die sich Minuten später wieder aufgelöst hatte. Ein Schauspiel, das ich vermisse …

Ich stand summend in der Küche, als Peter zum Frühstück erschien. Augenzwinkernd meinte er, dass er sich an nichts erinnern könne, was für meine tolle Stimmung schon so früh am Morgen gesorgt haben könnte.

»Das war echt geil«, flötete ich, mit den Fingern auf die Küchenplatte vor dem glühenden Toaster trommelnd.

»Ja?« Stirnrunzeln und Grübeln beim Endvierziger vor dem Wasserkocher.

»Ich mach die Geburten jetzt nur noch übers Telefon.«

Peter wiegte den Kopf. »Alles andere aber nicht, oder?«

»Keine Sorge. Für Telefonsex habe ich bestimmt nicht die richtige …«, ich raunte: »einfühlsame Stimme …«

Peter grinste. »Würde ich nicht so sehen. Aber es wäre schade, wenn man dich nur hören würde …«

»Nettes Kompliment, danke.« An mehr war ohnehin nicht zu denken. Es war Wochenende, und zwei unserer Kids krochen soeben aus ihren Betten. Wir hatten nur ein Bad. Unser Schlafzimmer lag strategisch ungünstig. Und unter dem entschieden zu laut knarzenden Bett wohnte Anna. Aus Sentimentalität wollte ich mich nicht davon trennen. Mir gefiel der Gedanke, dass die letzten drei Kinder möglicherweise darin gezeugt worden waren. Bis jetzt hatte unser Bett neun Umzüge mitgemacht, und ich beschloss, dass es gemeinsam mit uns alt werden sollte. Wir knarzten ja auch schon ein wenig. Außerdem hatte das massive Kiefernholz mittlerweile eine wunderschöne Patina bekommen und glich in der Farbe exakt den übrigen Bauernmöbeln, einem alttiroler Schlafzimmer aus den 1920er-Jahren.

Ich holte mir das Festnetztelefon in die Küche und wählte Carlas palmerische Nummer. Als Peter mitbekam, mit wem ich die folgende Stunde teilen wollte, sanken seine Mundwinkel hinab. Ob es an der Person am anderen Ende der Leitung lag oder an der ungenutzten Gelegenheit, wusste ich nicht. Die Telefonkosten waren es jedenfalls nicht.

»Na, was macht der Job?« Carla hatte fünf Kinder und war nicht berufstätig. Sie fragte mich immer nach meiner Arbeit. Einerseits faszinierten sie meine Einsätze, auch die damaligen in der Klinik, andererseits wollte sie hören, wie geschlaucht ich oft war oder wie ich mir vom Schlafmangel angekratzt auch noch ein schlechtes Gewissen meinen Kindern gegenüber einredete.

Dann baute sie mich wieder auf, und uns beiden ging es großartig.

»Kannst du dich noch an Manus Geburt erinnern?«

»Hm ...«

Ich sah förmlich ihre in zarte Falten gelegte leicht gebräunte Stirn vor mir. Normalerweise funktionierte ihr Gedächtnis fabelhaft. Besser als meines jedenfalls. Sie konnte sich nach Jahren noch an Geburten erinnern, die ich schon längst in Regionen meines alten faltigen Cerebrums verschoben hatte, zu denen ich keinen Zugang mehr hatte. Carla war Manu nie persönlich begegnet – fast ein Kunststück auf der kleinen Insel, wo sich die wenigen Intellektuellen früher oder später alle über den Weg laufen – und kannte sie nur aus meinen Erzählungen.

»Du weißt sicher noch, wie die Kleine in den ersten Tagen unterkühlt war ...«

»Ja doch – hat sie nicht Mekonium gespuckt?«

»Das hat der Kinderarzt behauptet.« Kindspech in der Spucke blieb also in Erinnerung.

Die Kanarischen Inseln bedeuten nicht automatisch Sonnenschein und Sommerfeeling das ganze Jahr über. Man darf den eklatanten Unterschied zwischen den einzelnen Inseln und überhaupt zwischen Nord-Süd und Ost-West nicht vergessen. Auch müssen die Jahreszeit und die Seehöhe relativiert werden. Das wird es auch, aber nur von uns *residentes,* also aufenthaltsberechtigten Ausländern. Ein gebürtiger Kanare wird bei jeder Gelegenheit über »*calor, calor*« stöhnen, die Wagenfenster runterkurbeln – nein, nicht nur im Taxi – und sämtliche Haustüren aufreißen. Wenn man die typischen kanarischen Häuser kennt, weiß man, dass praktisch jeder Raum eine Tür ins Freie hat. Zumindest wird man dieses Verhalten ein Dreivierteljahr lang beobachten. In der Zeit von Dezember bis Februar, bei zeitweiligem Kälteeinbruch von tagsüber nur noch sechzehn Grad – plus, versteht sich – frieren dann alle, da sie solch schreckliche *frío* nicht gewohnt sind. Stiefel, Mäntel und Decken sind die Mittel erster Wahl für draußen und drinnen, wobei auch gerne kombiniert wird. Es wird alles versucht, um sich gegen die mörderische Kälte zu wappnen, alles außer heizen. Heizungen besitzen nur die Ausländer.

Die Häuser tragen weder den Temperaturen noch den Befindlichkeiten ihrer Bewohner Rechnung. Sie sind aus Beton und daher immer kalt. In den grünen, niederschlagsreicheren Zonen zudem auch noch feucht. Auf La Palma manchmal sehr feucht.

Manus vorige Hausgeburt war im Frühsommer gewesen. In ihrem am Beginn der Nebelzone gelegenen Betonhaus auf der Ostseite der Insel war es kalt und feucht. Doch die glutäugige Palmerin sah das anders. Als ich am Tag nach Maris Geburt zur Wochenbettvisite kam, waren schon wieder alle Türen aufgerissen. Mari lag, nur von einer Baumwolldecke bedeckt, im geflochtenen Stubenwagen. Sie trug einen kurzärmligen Body, sonst nichts – von der Windel abgesehen. Ich nahm das unruhige Kind heraus, um Nabel und Ausscheidungen zu kontrollieren. Die Haut des Babys war kühl und marmoriert. Ich wies Manu darauf hin und erklärte ihr, warum Kinder anfangs so viel Wärme benötigen. Meine Aufforderung, das Kind wärmer einzupacken, wurde jedoch freundlich ignoriert.

Am nächsten Tag rief mich Manu aufgeregt an. Mari habe Blut gespuckt. Da ich bei einer Geburt war, verständigte sie einen Kinderarzt aus ihrer großen Verwandtschaft, der ausnahmsweise ins Haus kam. Ins Hospital fahren wollte sie nicht. Bei meinem Besuch am darauffolgenden Tag bot sich mir dasselbe

Bild. Die Kleine lag nur leicht bekleidet auf dem Bett. Als ich Mari aufnahm, zitterte sie. Der Kinderarzt hatte Manu jedoch erklärt, dass das Erbrochene nicht Blut, sondern Kindspech gewesen war, sonst aber alles in Ordnung sei. Ich konnte es kaum fassen. Die Ansichten des Cousins mit keinem Wort kommentierend, wiederholte ich, nun mit etwas drastischeren Worten, die physiologischen Anpassungsvorgänge des Neugeborenen nach der Geburt und dass an allem nur die fehlende Wärme Schuld hätte.

Manu sah mich zwar ungläubig an, befolgte aber meinen Rat und steckte Mari in ein gestricktes Steckkissen. Die Kleine dankte es mit längeren Schlafphasen, guter Gewichtszunahme und einer warmen, rosigen Haut.

Nach Manu kamen Carla und ich auf Gerda zu sprechen, die bei Carla um die Ecke wohnte, und danach auf deren Tochter. Carla war wie immer bestens informiert. Gerdas Tochter war ein Kapitel für sich, ich kannte das gesamte Familiendrama von Anfang an. Und dann dauerte es noch eine Stunde, bis wir alle Deutschen der Insel durchgehechelt hatten.

Kärnten, einsames Alpental
Verkehrt herum und trotzdem zu schnell

Aus dem Lautsprecher meines Wagens ertönte die sonore Stimme des Häuptlings der Creek. Trommelmusik untermalte das gekrächzte Ya-Na-Hana, ein Lied zur Erntefeier des wilden Reises. Mit gemächlichem Tempo glitt ich auf steirischer Seite die Pack hinunter, als mein Handy aufleuchtete und ich das Gespräch über die Freisprechanlage annahm. Es war Astrid. Die große, schlaksige Brünette war bei mir wegen Beckenendlage für das Sanatorium angemeldet und hatte in drei Wochen Termin. Es war das erste Kind der vierzigjährigen Schwangeren.

»Hallo, Astrid, nett dich zu hören! Wie geht es dir?«

»Ja, wenn ich das wüsste!«

»Was ist los?«

Die diffusen Rückenschmerzen, über die Astrid klagte, deutete ich schließlich als Senkwehen. Ich beruhigte die Frau und gab ihr den Rat, sich zu entspannen und sich von ihrem Mann mit einer streichelnden Massage verwöhnen zu lassen.

»Gerhard ist nicht hier«, sagte Astrid bedauernd.

»Hm. Dann nimm ein entspannendes Bad und trink einen Melissentee oder später zum Schlafengehen ein Glas Bier.«

»Ich fürchte, das geht hier alles nicht.«

Auf meine Frage, wo sie denn gerade sei, beschrieb mir Astrid, dass sie auf einem Hügel inmitten einer gebirgigen Landschaft stehe, von dem aus sie guten Empfang habe.

»Und wo soll das sein?«

»Bei Gerhards Großmutter. Auf der Kärntner Seite der Pack. Da ist so eine tolle Luft. Sie hat da ein richtig romantisches Holzhäuschen.«

»Eine Almhütte, meinst du.«

»Na ja, Knusperhäuschen, aber recht komfortabel. Nein, sie hat alles hier, nur keinen Handyempfang – und keine Badewanne. Ich bin ein Stück auf den Bergkamm marschiert ...«

»Dann komm mal schnell wieder runter. Was für ein Zufall, ich bin gar nicht weit weg, auf der steirischen Seite der Pack. Da hatte ich vorgestern eine Geburt.«

»Würde es dir viel ausmachen, bei mir vorbeizuschauen? Nur so, zur Beruhigung? Die Oma hat frische Buchteln gemacht. Die sind ein Hammer!«

»Astrid, das Kind liegt verkehrt herum! Es ist eine Steißlage, und du fährst bei der geringsten Kleinigkeit ins Sanatorium. Da gibt es überhaupt nichts zu rütteln!«

»Hast du mir nicht soeben erklärt, dass ich mir keine Sorgen machen soll?«

»Ja, hab ich. Hm ... Buchteln, sagtest du? Ich bin eigentlich auf dem Weg nach Hause. Aber Buchteln sind schon ein starkes Argument ...«

Das Häuschen der Großmutter, in dem die junge Frau das Wochenende verbrachte, lag fast auf der Strecke. Sofern man über ein paar Täler und Gräben dazwischen großmütig hinwegsah. Ich schaute auf die Uhr, dann angelte ich meinen Terminkalender aus der Tasche. Bei nächster Gelegenheit wendete ich den Wagen, verschob einen Termin und programmierte mein GPS. Und los ging's.

In Gedanken ging ich nochmals unsere beiden Treffen durch. Um die genaue Schwangerschaftsdauer zu berechnen, zog ich erneut meinen Kalender zurate. Astrid Mitterhammer, Gynäkologe: Dr. H., GT 29. Juli. Ihr fehlten zwanzig Tage bis zum errechneten Geburtstermin. Drei bis vier Wochen vor der tatsächlichen Geburt kam es oft zu Senkwehen, die vor allem Erstgebärende schlecht einordnen konnten und als Rückenschmerzen oder Bauchkrämpfe artikulierten.

Die ausgebildete Frühförderin und ihr Mann, ein Gymnasiallehrer, kamen mit der Vorstellung, ihren Sohn eventuell mittels Kaiserschnitt auf die Welt zu holen, nicht so gut zurecht. Wir hatten vor einer Woche anlässlich unseres zweiten Treffens in der Privatklinik alle Möglichkeiten einer Beckenendlagengeburt besprochen, da sich das Kind bis dahin bei allen Ultraschalluntersuchungen hartnäckig in dieser Lage gezeigt hatte. Eine spontane Wendung war zwar immer noch möglich, aber ehrlich gesagt hielt ich sie aufgrund der Form des Bauches und nach Abtasten desselben nicht mehr für sehr wahrscheinlich. Also hatten wir Strategien für die verbleibenden Wochen bis zur Geburt erörtert.

»Sollte sich der Kleine tatsächlich noch drehen, grenzt das an ein Wunder«, hatte die weise Voraussage des Arztes vor zwei Tagen anlässlich der letzten Mutter-Kind-Pass-Untersuchung gelautet. Wundersamerweise hatte er auch gleich einen idealen OP-Termin als Vorschlag parat, um das Kind auf keinen Fall einer vaginalen Beckenendlagengeburt auszusetzen.

»Nun, für Wunder muss man beten, für Veränderungen muss man arbeiten, Astrid«, hatte ich die Frau beruhigt, als sie mich nach der Ordination entsetzt angerufen hatte. »Du gehst wie besprochen vor. Oder hast du es jetzt mit der Angst zu tun bekommen?«

Wir hatten alles bis ins kleinste Detail durchgesprochen, das ganze Programm, um das Kind doch noch zu einer Drehung zu überreden. Und auch die Eventualitäten, falls Moxen, indische Brücke, Homöopathie und Taschenlampe erfolglos blieben.

Auf der anderen Seite arbeitete das System. Spätestens seit der kanadischen Studie im Jahr 2002, in der das *fetal outcome* vaginal entbundener Steißlagen untersucht und mit dem per Kaiserschnitt entbundener verglichen worden war, war klar, dass es nie wieder so sein würde wie zuvor. Die allgemeine Verunsicherung der Ärzte und die nun damit losgetretene professionelle Verunsicherung jener vier Prozent der Eltern, die einen Sprössling in Beckenendlage erwarteten, war nicht mehr aufzuhalten. Egal ob in den USA, in Europa, Asien oder Lateinamerika. Von Feuerland bis Mexiko stiegen die Kaiserschnittraten sprunghaft an. Dabei war die Aussage der Studie, dass nämlich vaginal geborene Beckenendlagen hinter der Kommastelle schlechtere Apgar-Werte hatten, nicht einmal wirklich überzeugend. Das Fatale aber war, dass die allgemeine Hemmschwelle für das Aufschneiden noch tiefer sank.

»Angst nicht«, hatte Astrid gemeint, »… du kennst ja Doktor Heinrich.«

Ja, ich kannte ihn. Ihn und andere Helden des modernen Geburts-Establishments. Jene, die in den Ordinationen am Termin zu viel oder zu wenig Fruchtwasser sehen – Letzteres führt unter der Geburt dann oft zu Überschwemmungen, die aber niemandem peinlich sind –, eine überreife oder verkalkte Plazenta, vor allem aber ein zu großes Kind für das Becken der jeweiligen Frau. Ich gebe zu, dass ich solch einen Propheten wirklich bewundere. Ein Schädel-Becken-Missverhältnis schon im Vorhinein zu wittern ist die hohe Kunst der Geburtshilfe. Nein, ehrlich. Selbst nachdem die rachitischen Becken bereits vor hundert

Jahren sogar im nebeligen London ausgestorben und Unfall-opfer oder Hüftoperierte leicht auszumachen sind, schrecken die wahren Könner nicht davor zurück, ihre hellseherischen Fähigkeiten an den Mann, respektive an die in guter Hoffnung befindliche Frau zu bringen. Dass ihre Hoffnung auf eine spontane Geburt mit der liebsten aller Diagnosen um weitere zwanzig Prozent sinkt, ist persönliches Schicksal. Für viele nur Pech, für manche eine Tragik.

Wenn man nun glaubt, es geht nicht mehr dümmer, kommt selbiger Nostradamus dann mit der Idee daher, die Geburt einzuleiten, um das Kind nicht noch größer werden zu lassen. Gönnerhaft wird ein *good will* demonstriert, wo aufgrund der eigentlich geburtsunmöglichen Situation ein programmierter Kaiserschnitt nicht nur *state of the art*, sondern schlichtweg unerlässlich wäre.

»Doktor Heinrich hält nicht viel von einer Wendung«, hatte Gerhard nach der Ordination vorsichtig in Astrids Handy geraunt.

Ich sah das schmale Gesicht mit der goldgerahmten Brille vor mir, das den wehmütigen Ausdruck eines Menschen trug, der sich in jedem Augenblick seiner unvollständigen Bildung bewusst war. Zumindest hatte Gerhard die Möglichkeit einer Wendung angesprochen. Ob er den Arzt nach seinen Gründen für die Ablehnung gefragt hatte? Vermutlich nicht. Schade, denn ich hatte ihnen von der in Schweden seit Jahrzehnten bewährten Methode erzählt. Irgendetwas in Gerhards Stimme hatte mich allerdings davon abgehalten, weiter nachzubohren.

Aber nicht alle Paare machen es den Göttern in Weiß so leicht. Emotional weit gefestigtere werdende Väter bestehen selbst in der Klinik und von mehreren Experten umringt noch darauf, ihr Beckenendlagenkind vaginal zu entbinden oder bei unauffälligen Schädellagen einen spontanen Geburtsbeginn abzuwarten und bis dahin nach Hause zu gehen. Also nicht vor dem elften Tag einzuleiten, dem ominösen Tag x – unterdessen empfohlener und allgemeiner Usus in der westlichen Welt. Die Hardliner berufen sich dabei auf die WHO und zögern die Einleitung gleich bis zum vierzehnten Tag hinaus, was ein- oder zweimal im Jahr verständnisloses Kopfschütteln der Klinikmacker hervorruft. Öfter passiert es ohnehin nicht, dass gut gemeinte Ratschläge in puncto Sicherheit und Risikominimierung am Ende der Schwangerschaft von den unter Druck gesetzten Paaren ignoriert werden. Gerade diese zählen aber zu den Bestinformierten. Schließlich sorgt ein allzu aktives Geburtsmanagement dafür, dass die Geburt dann doch auf dem OP-Tisch endet, zumindest bei jeder zweiten zusatzversicherten Frau. Womit jene Spezies geschäftstüchtiger Gierhälse dann wieder recht hatte und sich in den Privatkliniken lautstark damit brüsten darf, erneut ein Kind gerettet zu haben.

Wovor nur, fragt man sich, wenn man sich das *fetal outcome* und die Zahlen der Kaiserschnitte in den Privatkliniken ansieht. Kaiserlich ist dabei gar nichts. Wenn man bedenkt, dass die Klientel dieser Kliniken aus gesunden Schwangeren mit gesunden, ausgetragenen Kindern besteht, lässt dies nur zwei Schlüsse zu: Entweder sind die im Schnitt gebildeteren und betuchteren Frauen degenerierter, oder es gab gar keinen Grund für die Schnippelei. Was selbst der aufrichtigste Arzt nie zugeben würde. Immer nach der Devise: Wer heilt, hat recht. Der Heiler muss es nur so formulieren, dass er, egal was auch passiert, immer recht behält.

Das Navi führte mich ein schmales, aber langes Tal bergauf. Die Hänge zu beiden Seiten waren teilweise mit Fichten dicht bewaldet, auf einer weniger steil ins Tal abfallenden Wiese weideten Kühe. Dort, wo sich die Asphaltstraße und eine Schotterpiste gabelten, fiel, wie von Astrid vorausgesagt, das Navi aus. Nun konnte es nicht mehr weit sein. Links ging die Straße zum letzten Bergbauern hoch, ich aber hielt mich geradewegs auf dem Schotterweg.

Die Landschaft wurde immer idyllischer, vorausgesetzt, man konnte sich für ein Leben ohne Handy und Internet erwärmen. Ob hier der Schulbus fuhr? Wenn man Kinder hat, stellt man sich solche Fragen. Das hatte Maria Theresia, als sie großzügig Land an Bergbauern verschenkte, natürlich nicht bedenken können. Aber ich war in Carinthia, in Kärnten, da fuhr der Bus garantiert bis zum letzten Bretterverschlag. Sie hatten auch sonst Kinder lieber. Die Investition in die Zukunft in Form bemerkenswerter zusätzlicher Kindergeldzuwendungen wäre ja an und für sich begrüßenswert, war aber budgetmäßig keine weise Entscheidung des damaligen Landeshauptmanns.

Die Fahrbahn wurde immer abenteuerlicher. Mein zwar wendiger, aber geländemäßig entschieden schwächelnder Spanier kämpfte tapfer gegen die Schlaglöcher an. Durchgerüttelt steuerte ich nach einer Weile auf ein einsames Holzhäuschen zu.

Eine kleine weißhaarige Frau mit roten Wangen und aufgekrempelten Ärmeln öffnete wild gestikulierend die Tür. »Gott sei Dank, Sie kommen gerade noch rechtzeitig!«

Ich schnappte meinen Koffer und lief ins Haus. Astrid kniete stöhnend am Boden. Ich angelte mir einen sterilen Handschuh aus dem Koffer und untersuchte sie.

»Scheibe!«, entfuhr es mir, als ich den weichen Po in Beckenmitte ertastete. Eine weitere Erklärung war nicht nötig. Gerhards Großmutter half mir, Astrid von kurzer Hose und Slip zu befreien.

Langsam ebbte die Wehe ab. »Der steile Abstieg und dann vor einer Viertelstunde der Blasensprung«, krächzte Astrid.

»Super. Und was machen wir jetzt?«

»Das fragst du mich?«

Okay, dachte ich etwas gereizt. Aber da war ich ohnehin schon dabei, das Wichtigste aus meinem Koffer zu holen. »Den letzten Steiß hatte ich in Spanien vor drei Jahren«, wetterte ich. Zumindest alleinverantwortlich.

»Das klingt ermutigend …«

Die folgende Wehe schnitt ihr das Wort ab. Astrid atmete heftig. Ich wusste, gleich würde der Pressdrang einsetzen. Mit meinem Sonicaid gelang es mir trotz der knienden Position, ein paar Herztöne einzufangen. Sie waren zwar nur leise zu hören, aber im grünen Bereich.

»Immerhin hast du es überhaupt schon mal gemacht«, beschwichtigte Astrid, als sie sich wieder entspannte.

Das schon. Und dennoch: Die Gute hatte keine Ahnung! Aber ihr Vertrauen musste grenzenlos sein. Irgendwie übertrug sich ihre Zuversicht auf mich. »Einmal?«, scherzte ich, und es klang beinahe arrogant.

Eine Steißgeburt hat ihre Tücken. Die Gretchenfrage ist: Was macht der Kopf? Bevor der Kopf nicht eingetreten ist, ist die Sache nicht gegessen. Es kann der halbe Körper bereits geboren sein, fehlt doch noch das sprichwörtlich dicke Ende, das die Sache so spannend macht. Und dieses Ende ist hart, rund und unberechenbar.

Die entwicklungsgeschichtlich früher angelegten Gesichtsknochen sind härter als die Schädelknochen, die durchaus verformbar sind und beim Anblick so manches Neugeborenen eher an einen Zombie denn an ein frisch geschlüpftes Krönchen der

Schöpfung denken lassen. Meine Kinder waren selbstverständlich die hübschesten Babys der Welt, sie hatten keine verbeulten Köpfe oder Nasen und keine roten Lidödeme – so viel zur mütterlichen Objektivität. Aber solch kleine »Monster« sehe ich immer wieder. Und dann denke ich mir, dass vielleicht der eine oder andere besonders erfolgreiche Science-Fiction-Animateur während seiner kreativen Phase gerade Vater geworden ist.

Steißlagenkinder haben andere Köpfe. Ihre Schädel sind abgeflacht, als hätten sie dauernd eins aufs Dach bekommen. Auch nicht hübsch anzusehen. Wächst sich aber aus. Obwohl ein wirklich deformierter Flachkopf bedeutend länger braucht, sich in ein hübsches Köpfchen zu verwandeln, als ein gurkenförmiger, in Fachkreisen als Turmschädel bezeichneter Kopf. Aber ob hübsch oder nicht, der Kopf bleibt immer das größte Problem. Ein weiteres stellt die Nabelschnur dar. Theoretisch kann sie ab dem Zeitpunkt, an dem der Bauch mit dem Nabelschnuransatz ins Becken eintritt, gequetscht werden. Gefährlich wird eine komprimierte Nabelschnur aber erst, wenn ein nachfolgender großer Kopf sie abdrückt. Bei sehr unwahrscheinlicher vollständiger Abklemmung würde das Kind ersticken. Das Fatale an der Situation ist allerdings: Wenn es richtig gefährlich wird, darf man nicht helfen. Das klingt absurd, hat aber eine einfache Erklärung: Zieht man zu früh an den schon geborenen Beinchen oder am Po an, würde das Kind seine Ärmchen reflexartig nach oben schlagen. Ein Eintreten des Kopfes samt daneben liegender Arme ist nur bei kleinsten unreifen Kindern möglich. Also hat man ohne nervösen Blick zur Uhr abzuwarten, bis der kindliche Körper marionettenartig aus der Scheide hängt, auch wenn es noch so juckt »helfend« einzugreifen. Zumindest bis die Schulter zum Vorschein kommt, sollte man sich beherrschen. Und auch dann. Doch ab diesem Moment gibt es wieder furchtbar wichtige Handgriffe, ohne die das Kind, so hat es zumindest in Universitätskliniken den Anschein, nicht gesund geboren werden könnte.

Immer zuversichtlicher beobachtete ich die Gebärende. Sie war gefasst, aber keineswegs verkrampft. Im Gegenteil, sie machte einen lockeren und furchtlosen Eindruck und schien bereit zu sein, sich zu öffnen. Auch ich war bereit. Ich hatte ohnehin keine andere Wahl, denn Rettung oder Notarzt mit Inkubator konnte ich nicht verständigen.

Die nächste Wehe kam. Astrid verspürte den Drang mitzupressen.

»Nicht zu heftig, Astrid, mach nicht mit voller Kraft«, warnte ich.

Stoßweise presste und schob die Frau mit, während die Scheide anschwoll und die Labien leicht auseinanderzuklaffen begannen, dann hockte sie sich wieder auf ihre Fersen.

Ich hatte einige Erfahrung mit Beckenendlagengeburten, weder in Spanien noch in den Jahren davor in Österreich war der Kaiserschnitt dafür das Mittel der Wahl gewesen. Nicht einmal nach jenem Vorfall an der Universitätsklinik, dessen Zeugin ich während meiner Ausbildung geworden war. Ich werde das Bild nie vergessen. An dem strammen Jungen, der zuallererst seine Füßchen in die Welt streckte, hatten der Reihe nach alle gezogen, die in dieser Nacht im Kreißsaal Dienst gehabt hatten. Falsch, aber vor allem zu früh. Bis der Hals lang und dünn war und das Kind so weiß wie der Kittel des zuletzt doch noch erreichten Herrn Professors. Der hatte es dann irgendwie zustande gebracht, dass der Kopf trotz der hochgeschlagenen Ärmchen ins Becken eingetreten und geboren worden war. Das Kind aber war wenige Stunden später gestorben.

Ich schüttelte mich, wie um dieses Bild loszuwerden. Vor mir kniete Astrid, nicht jene Frau, an deren Gesicht ich mich nicht mehr erinnerte. Außerdem war die Frau nicht im Vierfüßerstand gewesen, hatte nicht die Position wählen dürfen, die sie instinktiv als die beste erkannt hätte. Danach hatte ich etliche ergreifende Steißgeburten erlebt, und meine Zuversicht, was selbst diese Eigenwilligkeit der Natur betraf, war wieder gestiegen.

Ich entschied, keine Herztöne mehr abzuhören. Stattdessen steckte ich den Ambubeutel zum Beatmen zusammen und legte ihn neben den Absaugkatheter. Dann hockte ich mich abwartend an Astrids Seite. Ihre großen blauen Augen suchten meinen Blick. Sie sah mich ruhig und gefasst an. Es war der Blick eines Menschen, der sich genau im Hier und Jetzt befand. Als gäbe es nur sie und ihre Aufgabe.

Da überrollte sie die nächste Wehe. Sie presste lange und ächzend, bis sich die Augäpfel vorwölbten. Die Labien teilten sich, und hindurch schob sich eine kahle, blassrosa Kuppe.

»Alles okay, du machst das ganz prima«, sagte ich. Sie würde es ohnehin auch alleine hinbekommen. Wenn ich nicht gekommen wäre, hätte sie es alleine gemacht. Auch ein Blick zur Oma, die soeben einen Eimer warmen Wassers neben mir abstellte, als hätte sie das schon ein Dutzend Mal gemacht, bestätigte mir, dass nun nichts mehr schiefgehen würde. Kurz darauf sah ich, wie sich der rosarote Po langsam ans Licht der Welt schob. Mühelos folgten die Schultern. Es war lustig anzusehen, wie sich der kleine helle Körper drehte und aus Astrids Leib schraubte. Ich erfasste Oberschenkel und Oberkörper, aber mehr um den Austritt des Kopfes zu bremsen, als ihn zu beugen, da die Position im Vierfüßerstand ohnehin optimal war. Der Kopf rutschte heraus, und ich reichte der knienden Frau das Kind. Es war ein Junge.

Mit Tränen in den Augen ließ sich auch die alte Frau auf die Knie nieder und umhüllte das Kind mit einem angewärmten Tuch.

Lange ließ ich die drei allein und gab ihnen Zeit, sich an die neue Situation zu gewöhnen. Vor allem Astrid musste akzeptieren, dass jetzt alles anders gekommen war als geplant. Und dass Gerhard bei der Geburt des Prinzen nicht dabei war.

Irgendwann gebar sie die Plazenta und beschloss, sie neben dem Holzhäuschen zu begraben. Genäht werden musste sie nicht. Mit Frau Mitterhammers Hilfe war Astrid schnell gewaschen und auf das alte Bettsofa verlegt. Während meiner Blutungskontrollen beäugte ich das nackt auf Astrids Oberkörper liegende Kind. Als ich sichere Zeichen für ein Interesse an der Brust bemerkte, half ich, den Kleinen anzulegen. Schnell fand er die Warze, war aber so aufgeregt, dass er sie nicht im Mund behalten konnte. In seinem verzweifelten Bemühen, endlich einen kostbaren Tropfen zu erhaschen, brachte der arme Kerl alle zum Lachen.

Mir war aufgefallen, dass ich bis dahin noch keinen Namen gehört hatte. Meist frage ich danach zu Geburtsbeginn, wenn ich nicht ohnehin schon früher eingeweiht worden bin. Wissen die Paare das Geschlecht ihres Nachwuchses nicht, gibt es zumindest zwei mögliche Versionen. Bei Astrid konnte ich mich an keinerlei Namen erinnern. Ich erkundigte mich nun danach und dachte, dass die etwas zu frühe Ankunft des Stammhalters an diesem Umstand schuld sein könnte.

Astrid verzog das schmale Gesicht. »Weißt du, Gerhard und ich konnten uns bis jetzt nicht einigen. Er wollte Benjamin, ich wünschte mir immer Theodor. Hm ...« Liebevoll betrachtete sie das Kind in ihrem Arm, dann schüttelte sie den Kopf. »Das kleine zarte Kerlchen sieht nicht wie ein Theodor aus. Außerdem möchte ich Gerhard dafür entschädigen, dass er um das Geburtserlebnis gebracht worden ist.« Zärtlich strich sie über das Köpfchen. »Also wirst du Benjamin heißen.«

Immer noch mit runden roten Wangen servierte mir Frau Mitterhammer einen starken Filterkaffee, und ich setzte mich dankend vor einen Berg Buchteln.

»Sie hatten wohl so einen Riecher, oder wie nennt man das bei euch Hebammen?« Astrids Großmutter nickte respektvoll.

»Sechsten Sinn, Frau Mitterhammer.«

»Immer zur richtigen Zeit am richtigen Ort«, lächelte sie.

»Heute waren es Ihre Buchteln.« Es musste gesagt werden. »Sie sind wirklich der Hammer!«

Die alte Dame verneigte sich freudestrahlend.

»Nein, ehrlich.« Dann deutete ich mit dem Kinn in Astrids Richtung. »Das heute war aber knapp.«

Frau Mitterhammer nickte, und eine Weile betrachteten wir das traute Bild auf dem Sofa. »Wie lange machen Sie das denn schon?«

»Hm … in Österreich bin ich erst seit zwei Jahren«, schmunzelte ich.

»Aber jeder hier kennt sie«, rief Astrid herüber.

»Immerhin«, sagte ich und spülte einen Bissen Buchteln hinunter, »habe ich es in der kurzen Zeit zur höchsten Form der Anerkennung gebracht: zum Neid.«

Seufzend erhob sich die alte Frau und schlurfte in die kleine Kochnische. Ich blätterte in der jüngsten *Gala,* die auf einer *Vogue* und einem *News* neben mir auf dem Tisch lagen. Nicht gerade die typische Literatur, die ich bei einer Schwangeren auf einer Almhütte vermuten würde.

Groß im Bild George Clooney. Die Großmutter kam und goss mir Kaffee nach. »Geld allein macht nicht glücklich«, sagte sie mit einem verächtlichen Seitenblick auf den Hochglanzhelden.

»Angeblich. Unsereins tut sich da schwer mit der Beurteilung.« Und dann noch diese entsetzliche Belastung, wenn man mit dem Privatjet landet und dann steht einer daneben, der größer ist. Gott! Dennoch wäre ich ganz gern mal neben George aus dem Jet gestiegen. Auch aus dem kleineren …

»Astrid erzählte mir, dass Sie zuvor auf den Kanarischen Inseln gelebt haben. Wie lange waren Sie denn da unten?«

»Elf Jahre …«

Die kleinen Augen in dem freundlichen Gesicht meines Gegenübers wurden rund wie Haselnüsse und entlockten mir ein kurzes Lachen.

»Ja, die Zeit vergeht wie im Flug, ich glaube es oft selbst nicht!«

»Mensch, toll!«, rief Astrid herüber, nur Frau Mitterhammers Stirn blieb fragend gerunzelt.

»Muss wohl romantisch gewesen sein.« Aus ihren Worten sprach eher Höflichkeit als zustimmende Begeisterung.

»Hm, romantisch. Wo ganze Inseln vom Tourismus leben, ist es mit der Romantik irgendwann vorbei. Aber Sie haben recht, alles keine Massentouristen.« Ich lachte. »Millionen von Individualurlaubern.«

Benjamin greinte wieder, weil er die Brustwarze verloren hatte und dann nicht mehr mit ihr zurechtkam. Ich kniete mich vor dem Sofa auf den Boden, um die ersten Stilltipps loszuwerden. Wir wechselten zur anderen Brust, und schon bald saugte der Kleine wieder friedlich.

»Und wie war die Arbeit dort?«, wollte Astrid wissen, als sie wieder entspannt in die Kissen sank.

»Abwechslungsreich«, sagte ich und kehrte wieder an den Tisch zurück. »Und sehr spannend.«

Die Großmutter setzte sich ebenfalls an den Tisch und warf mir einen auffordernden Blick zu. »Sie haben gewiss einiges erlebt, Frau Walch.«

Ich nickte.

»Sind Sie auch schon einmal zu spät gekommen?«

»Auch das.« Bedächtig griff ich nach dem Wasserglas, dann zuckte ich mit der Schulter. »Es war eigentlich nie meine Schuld. Manchmal hat einfach niemand Schuld. Auch nicht am Ausgang einer Geburt. Aber diese wenigen Male ist es immer gut gegangen.« Ich nahm einen Schluck Wasser. Auf die soeben erlebte Geburt anspielend meinte ich: »Heute wäre ich ja auch beinahe zu spät gekommen, nicht wahr?«

»Genau«, nickte Astrid. »Aber ich hätte dich dafür bestimmt nicht verantwortlich gemacht!«

Darüber wollte ich lieber nicht nachdenken. Zu viel habe ich schon gelesen und von anderen Kolleginnen gehört, als dass ich den Beteuerungen der Frauen allzu großen Glauben schenkte. Wenn alles gut geht und die Geburt den Vorstellungen entsprechend abläuft, wird man auf Händen getragen, dann ist man die weise Superfrau, die beste Freundin. Kommt Mutter oder Kind zu Schaden, wird ein Schuldiger gesucht. Dann steht man ziemlich alleine da. Das war mir sehr wohl bewusst. Weil ich mir die Mitterhammers nun aber nicht als denunzierende Partei vorstellen wollte, vertrieb ich diese unguten Gedanken schnell und griff nach der dritten Buchtel. Heute Nacht würde mich der frische Germteig ganz schön malträtieren, so viel war klar.

»Waren Sie mal in einer ähnlichen Situation wie heute?«, fragte Frau Mitterhammer und nippte an ihrem Kaffee.

Ich nickte. »Auf La Palma hatte ich ständig das Problem mit schlechtem Empfang. Da brauchte man gar nicht erst in die Berge.« Ich zwinkerte Astrid zu. Wenn man auf der Kanareninsel den größeren und interessanteren Teil der Insel umrunden will und der Straße in den Norden folgt, also die flache, dünn besiedelte Spitze im Süden auslässt, muss man für eine relativ kurze Distanz Luftlinie ziemlich lange radeln. Mit dem Fahrrad wäre dies ein tagelanges Unterfangen, per pedes ginge überhaupt der ganze Urlaub drauf. Denn unzählige *barrancos,* tief einschneidende Täler, kreuzen den Weg. Aus der Vogelperspektive betrachtet mäandert die über der Steilküste in den Norden führende Straße in unübersichtlichen Kurven dahin, führt vom Meer ins Landesinnere und wieder zurück. Nicht immer ist die Straße auch zweispurig. Dieser Umstand relativiert sich, wenn man das Verkehrsaufkommen bedenkt, das, je weiter nördlich man kommt, umso geringer wird. Aber wie so oft im Leben gilt: Es reicht einer. Ein Palmero, der einem zu schnell entgegenkommt, ein Fahrzeug, dem man tagsüber von der Sonne und des Nachts von den Scheinwerfern geblendet, zu weit ausweicht, oder ein waghalsiges Überholmanöver, weil man einem Bananentransporter, der schon in Vorkriegszeiten treue, wenn auch langsame Dienste geleistet hat, nicht länger hinterherkriechen will. Und schon ist es passiert. Dass ein Ausweichen auf der ungesicherten Straße in dem steilen Gelände nicht die Lösung ist, zeigen die jährlich sich wiederholenden tödlichen Abstürze in die *barrancos.* Also heißt es, sich konzentrieren.

Ich hörte nebenbei immer Musik. Telefonieren als Zeitvertreib während der elendslangen Fahrten scheidet als Ablenkung ohnehin aus. Drei Viertel der Strecke hat man sowieso keinen

Empfang. Nur wenn man sich aus dem Schatten des *barrancos* heraus dem Meer nähert, kann man über der steilen Küste schnell eine kurze Info erhaschen, ein »Ich bin gleich wieder weg!« in den Äther rufen oder eine SMS verschicken, bevor man wieder entlang immergrüner Steilhänge in den nächsten tiefen Taleinschnitt des Roque de los Muchachos abtaucht. Ob allerdings das Tippen von SMS während der Fahrt sinnvoll ist, sei dahingestellt. Bei palmerischen Straßen habe ich da meine Zweifel.

Selten zwar, aber doch ab und an begegnet man einem Radfahrer. Sie leben weniger gefährlich, als man denkt, denn jeder Palmero macht einen riesigen Bogen um die enthemmten Eddy-Merckx-Nachfolger. Nicht weil er die – meist deutschstämmigen – Imitationen des Belgiers so schätzt oder bewundert. Im Gegenteil. Er traut ihnen nicht, jedenfalls nicht über den Weg. Ob dieses inselbeherrschende Gebirgsmassiv tatsächlich ein Eldorado für Radfahrer ist, kann ich nicht sagen, für Wanderer ist es das bestimmt. Und die sind nicht auf die einzige Straße angewiesen.

»Erzähl schon«, bat Astrid, ohne von Benjamin aufzublicken, der inzwischen eingeschlafen war.

»Hm … Einmal bin ich des Nachts zu einer Geburt hoch oben in den Bergen gerufen worden. Die Leute lebten in einer Höhe, in der normalerweise keine Häuser gebaut werden dürfen, weil der höher gelegene Teil des Roque vor Jahren zum Nationalpark erklärt worden ist. Die Eltern der jungen Frau besaßen dort oben einen *pajero,* einen aus groben schwarzen Steinen erbauten Unterstand der Hirten. Mehr war es ehemals nicht. Nach dem Wegzug vieler Palmeros nach Kuba, während der mageren Jahre vor einem knappen Jahrhundert, verfielen die meisten dieser

Unterstände. Heute werden sie restauriert und ausgebaut und dienen vielen Familien als Grillplätze am Wochenende.«

»So wie hier«, warf Astrid ein und nickte rundum.

»Nicht ganz. Die Restauration der verfallenen Gemäuer ist kompliziert und teuer, das Gelände meist unwegsam. Da es kaum Quellen gibt – La Palma und Teneriffa haben ja keine Flüsse oder Bäche –, gibt es auch kein Wasser. Aber aus Ermangelung echter historischer Immobilien steht heute jeder Steinhaufen auf der Insel unter Denkmalschutz.« Ich zuckte mit den Schultern. »Stell dir vor, du hast einen Steinhaufen in deinem Garten und darfst ihn nicht wegräumen.«

»Ich kenne ja nur Gran Canaria«, mischte sich Frau Mitterhammer ein, »und das auch nur von Fotos. Aber die Inseln scheinen mir recht grün zu sein.«

Energisch schüttelte ich den Kopf. »Nicht alle, die Inseln im Osten sind wüstenhaft trocken. Früher besaß jede Finca einen *aljibe,* ein unterirdisches Depot, in dem das Regenwasser gespeichert wurde. Heute wird Wasser im Tagbau abgebaut. Klingt lustig, oder?«

Benjamin schreckte aus dem Schlaf hoch und begann zu greinen. Da wir keine Kleidung für ihn besaßen, nutzte ich diesen Moment, um ihn in eine von seiner Uroma bereitgelegte Packung zu wickeln. Diese bestand aus Frau Mitterhammers Wollstola, ausgelegt mit einem Seidentuch. Als Windelersatz schlang ich ein weiches Geschirrtuch um den kleinen Po. Während ich das Tuch einschlug, ruderte Benjamin orientierungslos mit den Ärmchen in der Luft.

»Ist das normal?«, fragte seine Mutter und ergriff beide Fäustchen, um ihn irgendwie zu stabilisieren. »Sieht ja aus wie ein Spastiker.«

»Kind!« Der großmütterliche Blick war mehr als tadelnd.

Freudestrahlend nahm Astrid das weiche Wollbündel entgegen. Ich sah ein letztes Mal nach ihrer Blutung und dann auf meine Uhr. Der Nachmittag war wie im Flug vergangen, und schon bald würde es zu dämmern beginnen.

Offenbar erkannte Astrid meinen Wunsch, das mir nicht ganz geheure gebirgige Terrain noch bei halbwegs guter Sicht zu durchqueren, und fürchtete ein fluchtartiges Aufbrechen, denn sie bemerkte rasch: »Jetzt sag uns noch schnell, wie die Geburt damals ausgegangen ist!« Der Klang ihrer Stimme ließ erkennen, dass sie keinen Aufschub dulden würde.

»Ganz kurz, okay.« Ich kehrte nicht mehr an den grob gezimmerten Holztisch zurück, sondern setzte mich auf Astrids Bettkante. »Ich fahre möglichst immer zumindest einmal vorher dorthin, wo die Geburt geplant ist. Situationen, in denen ich in der Finsternis auf irgendeinem Acker stehe und nicht weiterweiß, weil es dort keinen Empfang gibt und die Beschreibung mir bei Nebel oder dem *Calima* auch nicht weiterhilft, sind zum … nun ja, jedenfalls nicht lustig.«

Frau Mitterhammer seufzte. »Kann man sich vorstellen!«

»Nebel und was?«, wollte Astrid wissen.

»*Calima*. Das ist ein Sandwind, der aus der Sahara herüberweht«, erklärte ich. »Sturm ist es eigentlich keiner. Kurioserweise ist der fast staubfeine Sand rötlich, dringt überall ein und überzieht alles mit einem dünnen Film. Er kann tagelang wehen und trübt die Sicht genauso wie Nebel. Der kommt in höheren Lagen ebenfalls vor, weil die westwärts ziehenden Wolken an den hohen Bergen hängen bleiben und die Feuchtigkeit abgeben. Der Grund, warum La Palma so grün ist.«

»Und Lanzarote nicht.« Astrid nahm den Kleinen von der Brust und hielt ihn aufrecht an ihre Schulter gelegt. Dabei begann sie, rhythmisch auf seinen Rücken zu klopfen.

Ich lächelte ob der sicheren Instinkte, die wir Frauen haben, denn bestimmt hatte noch niemand Astrid gezeigt, wie ein Baby aufstoßen sollte. Obwohl Benjamin das jetzt gewiss nicht tun würde. »So ist es. Aber um zu einem Ende zu kommen: Genau das passierte damals, weil ich – aus welchem Grund auch immer – vorher nie dort gewesen war. Ich glaube, das Paar kontaktierte mich ziemlich spät einmal im Hospital, und die Geburt ging dann los, bevor ich noch Gelegenheit zu einem Besuch gehabt hatte. Fahrten zu Familien, die wie Nicole derart abgelegen wohnten – ich fuhr über zwei Stunden in den Norden –, versuchte ich, wo es ging, irgendwie zu verbinden. Um zwei Uhr stand ich dann, wo die Füchse sich Gute Nacht sagen – na ja, in dem Fall die *conejos,* wilde Kaninchen, aber auch die schliefen schon tief und fest. Auf dem zerknitterten Zettel auf meinem Beifahrersitz stand: ›Kreuzung mit grünen Briefkästen auf einem Pfahl: links ab.‹«

Aus den Augenwinkeln warf ich Frau Mitterhammer einen Blick zu. Die alte Frau lauschte aufmerksam und mit leicht gefurchter Stirn. »Zunächst hatte ich ja noch gedacht, wo es Briefkästen gibt, gibt es auch Zivilisation. Das ist an und für sich ein logischer Schluss, nur eben nicht so weit im Süden und so nahe an Afrika. Nicht ortbare getarnte Briefkästen und von der Straße aus nicht auszumachende Spuren menschlicher Behausungen halfen mir also nicht weiter. Nicht um zwei Uhr morgens irgendwo in der Pampa.« Den Rücken durchstreckend fuhr ich fort: »Da ich insgesamt schon bei drei Kreuzungen vorbeigekommen war, kehrte ich nach einiger Zeit um und fuhr wieder hinab bis zu den letzten Ausläufern urbanen Lebens. Bei dem neuerlichen Versuch, die Waldgrenze zu überwinden, entgingen mir die neben einem Strauch aufgepfählten Briefkästen nicht. Die danach links abzweigende Straße bestand nur noch aus asphaltierten Spurrillen. Ein Jeep wäre jetzt fein gewesen, meine spanische Kiste samt toller CD-Anlage war bei dem Gerüttel ziemlich unpraktisch.

Mit der weiteren Beschreibung: ›nach etlichen Kurven geht rechts ein Pfad ab, auf dem zwei Pinien zusammenstehen‹, konnte ich auch nicht viel anfangen. Erstens bestand jede Strecke auf La Palma außer der vom Flughafen nach Santa Cruz aus nichts als aneinandergereihten Kurven, zweitens verlaufen im Bergland kreuz und quer irgendwelche Pfade, und drittens war die Sicht in dieser Senke noch durch den Nebel erschwert. Ich sah also etliche Pfade, aber keine Pinien. Jedenfalls nicht von der den Berg hinaufführenden Straße aus. Mein Griff zum Handy war zwecklos, ich hatte dort keinen Empfang. Leichte Panik machte sich breit, ihr kennt dieses Flattern unter dem Rippenbogen.

Aus irgendeinem Grund dachte ich irgendwann, dass ich von der Höhe her richtig lag, aber das war reiner Zufall. Um die zwei Pinien auszuforschen, die man tagsüber auf dem Weideland natürlich schon von Weitem sah, hatte ich keine andere Wahl, als jedem der Pfade in der Nähe ein Stück lang zu folgen. Also hieß es, den Rückwärtsgang einzulegen, ein Albtraum auf den schmalen Wegen in stockfinsterer Nacht. Der dritte Pfad war es dann. An den zwei stattlichen Pinien vorbei, holperte ich einen Erdweg entlang, der sich ein gutes Stück durch Gras- und Strauchland schlängelte. Teilweise war er durch Klee und Dornensträucher fast unpassierbar eng. Meine Beklemmung wuchs. Was, wenn es noch andere Pinien gab? Wenn der Weg mitten in der Botanik endete? Vielleicht ohne Umkehrmöglichkeit? Da tauchte im Scheinwerferlicht ein sandfarbener alter Jeep auf. Nicoles *pajero* konnte nicht mehr weit sein! Ich ließ meinen Wagen mitten auf dem Weg stehen und hupte. Wenig später erschien ein langhaariger Mitbewohner von Nicole und schnappte sich meinen Koffer. Ich rannte ihm mit meinem Sack hinterher. Über Stufen hinunter, durch einen Garten und an Mauern entlang. In einem von mehreren *pajeros* verschwand er.

Drinnen war es fast so düster wie in der feuchtkalten Nacht, aber meine Augen hatten sich mittlerweile an die Dunkelheit gewöhnt. Im Schein einer Kerze sah ich Nicole mitten in ihrem Ehebett, das den halben *pajero* einnahm. Sie kniete im Vierfüßerstand und presste. Dicht hinter ihr stand ihr eineinhalbjähriger Junge auf wackeligen Beinchen. Seine kleine Hand lag auf dem Kopf, der sich langsam aus dem Leib seiner Mutter schob. Ich werde diesen Anblick niemals vergessen. Diese kleine helle Hand auf dem dunklen Kopfhaar und den ernsten Ausdruck in dem jungen Gesicht. Wir assistierten zu zweit. Als sich meine Hand über seine legte, zog er seine nicht weg. Er ließ erst los, als der Körper des Kindes aus der Mutter glitt. Durch den Schwung landete er auf dem Po, und erst dann fing er an zu weinen. Ich reichte Nicole das Mädchen zwischen ihren Beinen hindurch, und der Vater kümmerte sich um den Jungen.«

Astrids Augen schimmerten feucht. »Wie romantisch«, flüsterte sie.

Auch Frau Mitterhammer blickte überaus ergriffen drein.

»Du sagst es«, lächelte ich. »Geburten können ungemein romantisch sein.« Dass Nicole und ihre Freunde dort oben ohne Strom und fließendes Wasser hausten, fand ich weniger idyllisch, behielt es aber lieber für mich.

Ich trat aus dem Haus und sah die Baumwipfel über dem Tal in den letzten Sonnenstrahlen glühen. Über das Tal selbst hatten sich bereits die Schatten der Nacht gesenkt.

Bei der Gabelung am Ende der Schotterstraße, dort, wo mein GPS ausgefallen war, nahm ich mein Handy zur Hand und versuchte, Gerhard zu erreichen. Astrid hatte mich gebeten ihm nur auszurichten, dass er heute noch vorbeischauen sollte. Ich musste mich ziemlich zusammenreißen, um wirklich unbekümmert zu klingen.

Nach dem kurzen Gespräch schaltete ich Musik ein. Ich wechselte von den melancholischen Gesängen der nordamerikanischen Steppe zu der französischen Sängerin Emma Shapplin. Ihre Stimme klang einfach paradiesisch. Entsprach ganz meiner Stimmung. Vor mir brannten die Wolken am Himmelssaum in einem leuchtenden Rot, das in der Höhe schnell verblasste. Die Landschaft um mich herum verlor allmählich ihren Glanz.

Gleitend kurvte mein Spanier ins Tal hinab – und ich swingte im Wageninneren mit.

NACHWORT

Ausgebildet in einem System, das Frau und Kind nicht als Einheit betrachtet, sondern bestenfalls als zwei interagierende medizinische Probleme in ein und demselben Körper, einem System also, das Geburt nie als Erlebnis, wohl aber als potenzielle Bedrohung betrachtet, wurde ich in den Spitälern immer wieder einmal dazu verführt, den Fokus ebenso wie die Schulmedizin auf einzelne Faktoren, auf nach oben oder unten abweichende Parameter zu richten. Es waren letztlich die überzeugenden Ergebnisse der Hausgeburten, die mein Hauptaugenmerk auf das Geschehen an sich lenkten, auf dieses über Millionen von Jahren zur Arterhaltung perfektionierte harmonische Zusammenspiel.

In den Ausbildungsstätten, den großen Spitälern, allerdings wüten die aus der Neigungsgruppe Prophylaxetäter kommenden Verantwortlichen in der auf Komplikationen und Pathologien fokussierten Ausbildung. Sie schaffen auch für die motiviertesten JungärztInnen nicht gerade akzeptable Bedingungen oder gar ein kreatives Milieu, um es mit alternativen Gebärmethoden zu versuchen. Leid tut es mir um diejenigen bemühten Geburtshelfer, mit denen ich das Glück habe zusammenzuarbeiten. Sie sehen sich in dem Dunstkreis der Kaiserschnittbefürworter, harscher Kritiker der selbstbestimmten Geburt und Verfechter einer hundertprozentig risikofreien Geburtshilfe, die es trotz allem nie geben kann, permanent der Gefahr ausgesetzt, allmächtigen Gutachtern ausgeliefert zu sein, und stehen mit dem Rücken zur Wand.

Ich weiß, dass ich alleine nichts verändern kann. Das System, das geburtshilfliche Establishment, die Ärztekammer/lobby und die alles dominierende Pharmaindustrie sind einfach zu mächtig, zu kompromisslos. Mit hebammenorientierten Spontangeburten kann niemand etwas verdienen.

Mit dem vorliegenden Buch hoffe ich dennoch, etwas zu dem neuen, alten Verständnis von dem, was Geburt für uns Frauen bedeuten kann, beizutragen. Dass es auch für die Kinder nicht gleichgültig ist, wie sie geboren werden, wird man vielleicht erst in ein paar Jahren mit besseren und kritischeren Studien belegen können. Dann ist es aber für viele Kinder bereits zu spät.

An dieser Stelle möchte ich fünf unermüdlichen KämpferInnen für die natürliche Geburt danken, mich ebenfalls zu diesem Buch inspiriert zu haben: Prof. Dr. Alfred Rockenschaub, Maierhöfen; Angelika Rodler, Graz; Sylvia Sedlak, Wien; Dr. Anna Rockel-Loenhoff, Unna, Deutschland; Dr. Caroline Oblasser, Salzburg. Nach eigenen leidvollen Erfahrungen wählte Caroline ebenfalls den Weg über die Medien, Frauen vor allzu großer Blauäugigkeit zu warnen und ihnen Tipps zu geben, der Kaiserschnittfalle zu entgehen. Beseelt von der Idee, möglichst viele Frauen zu erreichen, gründete sie sogar einen Verlag, die Edition Riedenburg.

It is dreams that create history.